LAVOISIER

PAR LUCIEN ET DÉSIRÉ LEROUX

BOIS D'EMMANUEL POIRIER

LIBRAIRIE PLON-PARIS

LAVOISIER

LAVOISIER

Gravure, d'après le portrait de David.

LAVOISIER

PAR

LUCIEN ET DÉSIRÉ LEROUX

PARIS
LIBRAIRIE PLON
LES PETITS-FILS DE PLON ET NOURRIT
IMPRIMEURS-ÉDITEURS — 8, RUE GARANCIÈRE, 6ᵉ

A

MONSIEUR A.-TH. SCHLOESING,

MEMBRE DE L'INSTITUT

A

MONSIEUR LE DOCTEUR M. HANRIOT,

MEMBRE DE L'ACADÉMIE DE MÉDECINE

L. et D. L.

LAVOISIER

I

ANNÉES DE JEUNESSE

On voit souvent, en France, des familles d'humble origine végéter longtemps, puis prospérer, et s'épanouir enfin, fleur de la race... Vers 1610, on trouve à Villers-Cotterets un Antoine Lavoisier, simple chevaucheur des écuries du roi. Son fils n'est encore qu'un maître de poste. Mais les héritiers du nom s'élèvent peu à peu dans l'ordre social : un Lavoisier, mort en 1691, avait été huissier ; un autre sera marchand. A la fin du dix-septième siècle, un Antoine Lavoisier occupait les fonctions de procureur au bailliage de Villers-Cotterets. Son fils se transféra à Paris, et devint procureur au Parlement. Il épousa Émilie Punctis, fille d'un avocat au Parlement, secrétaire du maréchal de Château-Renault, vice-amiral de France. De cette union naquit Antoine-Laurent Lavoisier, le

26 août 1743 : l'enfant fut baptisé le jour même en l'église Saint-Merry (1).

Il fut élevé par sa grand'mère, ainsi que sa sœur, Marie-Marguerite-Émilie, née deux ans après lui : car sa mère mourut quand il avait cinq ans. C'est chez elle, rue du Faubourg-Saint-Eustache, que le procureur était venu demeurer. Mme Punctis était aidée dans sa tâche, et avec le plus grand dévouement, par sa seconde fille Constance, âgée de vingt-deux ans. La jeune fille prodiguait aux deux petits la plus vive affection et, pour se consacrer entièrement à leur éducation, elle alla même jusqu'à refuser de se marier.

Ce milieu offrait aux enfants de beaux exemples d'honnêteté et d'amour du travail. Antoine-Laurent, très gai, très affectueux, se faisait remarquer dès l'enfance par son intelligence et quand un nouveau malheur s'abattra sur la famille — Marie-Marguerite-Émilie devait mourir à quinze ans — tous les espoirs se concentreront sur lui.

Si Lavoisier père n'avait pas beaucoup de fortune, les Punctis étaient riches et l'enfant pouvait pousser très loin son instruction. Il suivit bientôt comme externe les cours du collège Mazarin ou des Quatre-Nations. Ce collège avait été fondé, selon les dernières volontés du grand cardinal, pour fournir gratuitement l'instruction et l'éducation à de jeunes gentilshommes nés dans les provinces nouvellement annexées à la

---

(1) Le logis et l'étude du procureur se trouvaient dans le cul-de-sac Pecquay, près de la rue des Blancs-Manteaux.

France ; mais il admettait aussi des auditeurs libres : Lavoisier fut de leur nombre.

Sa vie de collège n'offre rien de bien particulier : elle fut celle de tous les écoliers studieux. On le voit suivre avec un vif intérêt le cours de mathématiques de l'abbé La Caille, le grand astronome, pour qui l'on avait bâti dans l'établissement un observatoire à toit tournant « le plus commode qu'il y eût à Paris ». Mais c'est peut-être avec plus d'attention encore et même avec un certain recueillement que Lavoisier écouta le professeur de belles-lettres. On ne s'étonnera donc pas de voir figurer sur la liste des lauréats du concours général de 1760, la mention suivante : « Antoine-Laurent Lavoisier, élève de la classe de rhétorique du collège Mazarin, deuxième prix de discours français ».

Antoine-Laurent enviait la gloire de l'écrivain. Il s'exerçait à développer les sujets proposés par les académies de province. Il traitait le sujet du concours d'éloquence de l'Académie d'Amiens : « La droiture du cœur est aussi nécessaire dans la recherche de la vérité que la justesse de l'esprit, » répondait à la question de l'Académie de Besançon : « Si le désir de perpétuer son nom et ses actions dans la mémoire des hommes est conforme à la nature et à la raison. » Il écrivit même les premières scènes d'un drame en prose dont la *Nouvelle Héloïse* était le sujet ; mais bientôt il allait renoncer à ces essais littéraires : en lui grandissait l'amour de la science.

C'est sans doute par atavisme, qu'à sa sortie du collège, il suivit les cours de la Faculté de droit. Bache-

lier en droit le 6 septembre 1763, licencié le 26 juillet 1764,
il se fit recevoir avocat au Parlement. Mais l'étude de
la législation et de la procédure laissait quelques loisirs.
Lavoisier les utilisa au Jardin du Roi où Bernard de
Jussieu, qui dirigeait la culture des plantes, lui enseigna
la botanique. Lavoisier accompagna souvent le grand
savant dans la campagne où le maître et l'élève faisaient ensemble des déterminations.

Il était un cours qu'Antoine-Laurent ne manquait
pas de suivre : celui de chimie, professé par Rouelle.
A la vérité, une leçon de chimie au Jardin royal était
à cette époque un bien curieux spectacle. C'était d'abord
la leçon véritable, faite par le professeur titulaire, Bourdelin, qui exposait les principes et développait les géné-
ralités de la science. Celui-ci cédait ensuite la place au
démonstrateur qui venait exécuter, sous les yeux du
même auditoire, les expériences destinées à confirmer
les théories. Bourdelin, attaché aux errements de l'ancienne école, froid, timide, maître au langage terne,
était écouté avec une impatience contenue. Mais
lorsque paraissait le démonstrateur tout changeait,
l'attention s'éveillait aussitôt : le nouveau venu n'était
autre que Guillaume-François Rouelle, cet ancien pharmacien de la place Maubert qui avait dédaigné d'être
l'apothicaire du roi pour être celui des pauvres à
l'Hôtel-Dieu. Ardent, doué d'une élocution véhémente,
ne se piquant pas de latin ni même de français, il se
plaisait à démolir les doctrines professées par le placide
Bourdelin : « Rouelle arrivait ordinairement dans
l'amphithéâtre en grande tenue, habit de velours,

perruque bien poudrée et petit chapeau sous le bras.
Assez calme au début de sa leçon, il s'échauffait peu
à peu ; si sa pensée ne se développait pas nettement,
il s'impatientait, il posait son chapeau sur un appareil,
il ôtait sa perruque, dénouait sa cravate, puis tout en
discutant il déboutonnait son habit et sa veste, qu'il
quittait l'une après l'autre. Dès lors ses idées devenaient lucides, il s'animait, se livrait sans réserve à son
inspiration savante et ses démonstrations lumineuses
entraînaient bientôt son auditoire ravi. »

Le cours de Rouelle, célèbre dans toute l'Europe,
avait inspiré à la société parisienne d'alors la passion
de la chimie. Ce fut presque une mode d'assister aux
leçons du Jardin du Roi. Diderot suivit le cours pendant trois ans et il nous a laissé entendre que ce grand
professeur était un manipulateur distrait et maladroit :
« Un jour, il maniait le phosphore, le feu enveloppait
ses mains de toutes parts, les pénétrait, les consumait,
sans qu'il sût comment la chose était arrivée. » Les
leçons de Rouelle ne furent pas imprimées, mais Diderot
en fit une rédaction dont les copies se trouvaient dans
les mains de la plupart des chimistes. Ce sont ces notes
de Diderot qui serviront à Lavoisier.

Avocat, juge, juriste ? Non point. Ce ne sont plus
seulement ses moments de loisir qu'il consacre à la
science : il va lui donner le meilleur de sa vie.

II

PREMIERS TRAVAUX

Lavoisier avait un peu plus de vingt ans. Dans la maison de la rue du Faubourg-Saint-Eustache, il vivait heureux, entouré de l'affection de sa famille. Tout entier absorbé par ses études, il n'éprouvait aucune des passions ordinaires de la jeunesse. Délaissant même les devoirs de société, il ne fréquentait que ses maîtres devenus ses amis. Il était intimement lié avec le naturaliste Guettard.

Jean-Étienne Guettard, d'abord botaniste (à ce titre il entrait à l'Académie des Sciences en 1743), avait abandonné peu à peu ses études sur les plantes parasites pour se consacrer presque exclusivement à la géologie et à la minéralogie.

Doué d'un esprit vif, Guettard aimait les grands projets. Et bien qu'il ne les réalisât jamais entièrement, il en tirait toujours quelque laborieuse et précieuse étude.

En 1767, le naturaliste proposait au contrôleur général des finances, Bertin, d'établir l'Atlas minéralogique de la France, travail considérable qui n'avait encore jamais été fait. Le gouvernement fut tenté par le projet et le naturaliste fut officiellement chargé de le réaliser :

la mission débuterait la même année par la visite et
l'étude des provinces d'Alsace et de Lorraine. Aussitôt,
Guettard offrit à Lavoisier de l'accompagner.

Très hésitant, à la perspective de ce voyage qui le
priverait, pendant plusieurs mois, de l'intimité de ses
parents et de ses amis, le jeune homme n'aurait osé
se décider si l'enthousiasme de Guettard n'était venu
vaincre cet excès de sensibilité et ne lui avait montré
la portée des travaux que la mission allait lui per-
mettre de réaliser. Les observations barométriques
auxquelles se livrait Lavoisier depuis plusieurs années,
afin de déterminer les lois qui président aux mouve-
ments de l'atmosphère, pourraient être vérifiées dans
tous les pays où ils passeraient. Ses premiers essais sur
la densité des eaux potables et minérales pourraient
être confirmés. De plus, collaborateur de Guettard,
quel profit ne tirerait-il pas de leurs observations com-
munes pour compléter les données géologiques et minéralogiques du premier travail qu'il avait présenté
en 1764 à l'Académie des Sciences, « de la constitution
du gypse et de l'explication de la prise du plâtre » ?

Lavoisier se laissa séduire et dès lors les préparatifs
furent vite achevés. Le 14 juin, à trois heures de l'après-
midi, Lavoisier et Guettard partaient à cheval pour
les Vosges, embarrassés sous le poids d'étuis et de
sacs où voisinaient instruments fragiles et provisions
de toutes sortes. Ils étaient accompagnés par le serviteur Joseph que la famille résignée du jeune homme
avait adjoint à la mission.

Deux semaines plus tard la petite caravane atteignait Bourbonne-les-Bains. Depuis leur départ les voyageurs n'ont pas perdu leur temps. Levés chaque matin à cinq heures, tandis que Guettard part à la recherche des pièces minéralogiques destinées au cabinet du ministre Bertin, Lavoisier fait des observations barométriques et thermométriques, analyse des eaux, visite des carrières, des mines, des manufactures, interroge des ouvriers et des industriels et rédige quelques notes avant le retour de son ami qui donne à chaque étape le signal du départ.

Les étapes sont si nombreuses et les travaux si passionnants que les savants n'arrivent que le 3 septembre à Strasbourg, terme de leur voyage. Le séjour promet d'être long dans cette ville pittoresque, riche d'un grand passé, vibrante d'industries et d'arts. Lavoisier visite teintureries, brasseries, tanneries, fonderies, fabriques de porcelaines, filatures, les papeteries établies sur l'Ill pour utiliser les eaux. Tout lui semble nouveau dans les procédés de ces usines, certains même lui paraissent dépasser en rendement comme en valeur les procédés séculaires de l'Ile-de-France. Avec Guettard, il voit le Muséum d'histoire naturelle, la manufacture des tabacs, l'Hôtel des Monnaies dont il se fait expliquer longuement l'organisation.

Toutefois ces jouissances de savants n'excluent pas chez eux les joies de l'artiste. Ils flânent souvent. Et quand le soir arrive, leur grand plaisir est de parcourir lentement les rues tortueuses et grouillantes qui vont de la cathédrale et du château archiépiscopal des Rohan aux harmonieuses promenades de Le Nôtre, de s'arrêter pour regarder Alsaciens et Alsaciennes en pimpants costumes se presser vers quelque auberge, tandis que derrière les fenêtres de maisons aux encorbellements imprévus s'allument les premiers flambeaux ou les premières chandelles. Strasbourg captive Lavoisier comme elle captivera plus tard Rouget de l'Isle. Et le vieux Guettard est lui-même pris au charme de l'élégante cité.

Les deux savants auraient volontiers prolongé leur séjour à Strasbourg si une lettre de Paris n'était venue annoncer à Lavoisier que son père venait à leur rencontre et les attendrait à Bourbonne-les-Bains pour le 6 octobre. Dans sa joie Lavoisier ne trouve plus de charme à Strasbourg. Il presse son ami et Joseph, il lui tarde de s'en retourner. Quelques achats de livres de chimie publiés en Allemagne mais inconnus à Paris, une courte visite aux chimistes Spielmann et Ehrmann qui seront plus tard ses plus grands admirateurs, et deux jours après la petite caravane est en route.

Le 7, elle revoit Bourbonne-les-Bains. C'est la rencontre émouvante du père et du fils puis le retour vers Paris, car le jeune savant est maintenant impatient de revoir toute sa famille.

Lavoisier rapportait un nombre considérable de documents qu'il s'occupa pendant plusieurs mois à mettre en ordre. Il en tira de longs mémoires sur la météorologie et la chimie qu'il présenta à l'Académie des Sciences et où celle-ci retrouva les qualités de précision, de simplicité et de prudence qu'elle appréciait déjà depuis quelques années chez le jeune savant. De ce voyage avec Guettard il rapportait aussi deux qualités acquises auprès du vieux maître : une perspicacité plus grande dans l'observation et la condition du succès pour le savant, la confiance en soi.

Lavoisier n'en était pas à son premier essai : avant même ce voyage la puissance de travail du jeune savant, la diversité de ses connaissances avaient décidé l'assemblée scientifique à le charger de nombreux rapports sur les découvertes de l'époque : l'aréomètre Cartier, la théorie des couleurs, les lanternes de Dufourny, etc. En 1766, à l'occasion d'un concours ouvert par l'Académie « sur le meilleur moyen d'éclairer la nuit les rues d'une grande ville, en combinant ensemble la clarté, la facilité du service et l'économie », Lavoisier avait étudié dans un mémoire remarquable tous les moyens d'éclairage de son époque : lanternes simples à chandelle et à huile, lanternes à réverbère, etc., et comparé l'intensité de la lumière fournie avec la consommation du combustible. Pour être capable de mesurer l'intensité lumineuse il s'était même, dit-on, enfermé pendant six semaines dans une chambre tendue de noir.

Rapporteur de découvertes, Lavoisier devait être aussi défenseur de projets de nature à améliorer le bien-être de ses semblables. En 1769, il appuyait de son autorité le projet de l'ingénieur Deparcieux qui se proposait d'assurer l'alimentation de Paris en eau potable et de résoudre par là même une des questions les plus graves de toute époque.

La ville enfermée dans l'enceinte dite des Fermiers

généraux, dont le circuit correspondait à ce qu'on appelle aujourd'hui les boulevards extérieurs, comptait une population de cinq cent mille habitants.

Cette population se nourrissait de l'eau des puits creusés dans les cours des maisons, de l'eau médiocre des sources du Pré Saint-Gervais et de Belleville, enfin de l'eau puisée directement en Seine par des marchands ou par les pompes célèbres de la Samaritaine et du Pont Notre-Dame ainsi que par les pompes à feu de Chaillot et du Gros-Caillou qui alimentaient quatre-vingt-trois fontaines publiques. Ces divers moyens fournissaient tout au plus 4 000 mètres cubes d'une eau terriblement polluée. Avant de parvenir en effet aux pompes et de passer dans les seaux qui la portaient dans les maisons, l'eau de la Seine recevait toutes les impuretés provenant des blanchisseries de Charenton, de Carrières, de Conflans et de Bercy ; dès son arrivée dans Paris, les égouts du faubourg Saint-Antoine, du faubourg Saint-Marceau, de Bicêtre, de l'Hôpital général ; un peu plus loin l'effluent infect de la rivière des Gobelins (1) bordée de teintureries, d'amidonneries, de brasseries, puis les égouts des Fossés Saint-Bernard, des Grands-Degrés et de la place Maubert ; enfin, à peu de distance des pompes, les eaux de l'Hôtel-Dieu où, d'après un contemporain, « quatre mille malheureux livrés aux maladies les plus contagieuses, fournissaient une masse énorme d'excréments, de matières purulentes, de chairs pourries ».

(1) On appelait ainsi la Bièvre.

Telles étaient les ressources en eau de la capitale de la France. Si nous ajoutons qu'à cette époque chaque Parisien recevait pour ses besoins journaliers une quantité moyenne de six litres d'eau par jour tandis qu'aujourd'hui il dispose d'environ deux cents litres du précieux liquide, on se fait une idée des conditions critiques d'hygiène dans lesquelles vivaient nos ancêtres. On s'explique aussi l'importance de la proposition de l'ingénieur Deparcieux qui voulait capter la petite rivière d'Yvette jusque-là utilisée au flottage des bois pour amener dans Paris une quantité d'eau correspondant à seize litres par personne, eau qu'une simple ébullition suffirait à assainir.

L'enthousiasme était grand. Les pompes de la Samaritaine et du Pont Notre-Dame n'embarrasseraient plus la navigation de la Seine. Les rues seraient sans cesse nettoyées par un courant d'eau qui entraînerait les immondices, les portes ne seraient plus souillées et les fenêtres empestées par les tas de boue qui séjournaient sans cesse. On arroserait les rues et le pavé ne serait plus, ni couvert de boue, ni glissant, ni d'une sécheresse brûlante. Malheureusement, le projet demandait plusieurs millions pour être réalisé. De plus il fallait compter avec les plaintes des teinturiers, des tanneurs, des mégissiers établis sur la Bièvre qui, dans leur ignorance, croyaient qu'on en voulait à leur rivière dont l'eau avait la réputation d'être la meilleure de France pour l'application des teintures écarlates et la fabrication des cuirs. Bref, malgré l'appui de Lavoisier, le projet ne put être réalisé et pendant plusieurs années encore les industriels devaient solliciter le privilège d'établir des pompes à feu pour élever dans les maisons l'eau polluée de la Seine. Par une amère coïncidence, Lavoisier devait être chargé d'examiner les mémoires présentés.

Tant de titres à la reconnaissance des savants et des industriels faisaient désirer à l'Académie des Sciences de compter Lavoisier parmi ses membres. Déjà en 1766, les amis du jeune savant l'avaient fait mettre sur la liste des candidats avec le chimiste Monnet, inspecteur des mines, qui devait publier en 1780 l'Atlas minéralogique de la France commencé par Guettard et Lavoisier, ouvrage qui devait servir plus tard à l'établissement de la carte géologique de France; avec le chimiste Sage qui occupait à l'hôtel des Monnaies une chaire de minéralogie expérimentale, le pharmacien Baumé, le chimiste Demachy qui devait être plus tard avec Monnet un des plus actifs adversaires de Lavoisier; le métallurgiste Jars, enfin le naturaliste Valmont de Bomare. Lorsque le chimiste Baron, membre de l'Académie des Sciences, mourut en 1768, Lavoisier avait des chances sérieuses de succès. L'élection eut lieu le 18 mai de la même année. Lavoisier fut présenté en première ligne, Jars eut les autres voix. Toutefois comme le choix des académiciens, à cette époque, appartenait au roi, le ministre Saint-Florentin décida que Jars serait nommé à la place de Baron; mais pour ne pas blesser le sentiment de la majorité des académiciens qui s'étaient décidés en faveur de Lavoisier, il créa pour lui une nouvelle place d'adjoint chimiste et il fut convenu qu'à la prochaine vacance il n'y aurait pas lieu de procéder à une nouvelle élection. Cette vacance eut lieu le 20 août 1769, Lavoisier avait alors vingt-six ans.

Dans cette Académie, Lavoisier allait rapidement conquérir une des premières places. En 1785, il devait être officiellement chargé de modifier son règlement qui péchait par la complication.

Entre autres réformes, Lavoisier incorpora les adjoints et les associés au nombre des académiciens et substitua à l'appellation d'adjoint celle d'élève. Il créa deux nouvelles classes : physique générale et histoire naturelle, mais il ne put modifier les usages de l'illustre assemblée pour la tenue de ses séances. Mesmer, docteur en médecine de la Faculté de Vienne et auteur d'une doctrine célèbre sur le magnétisme animal, qui assista à l'une d'elles, nous en fait ce tableau pittoresque : « A mesure que les académiciens arrivaient, il s'établissait des comités particuliers où se traitaient sans doute autant de questions savantes. Je supposais avec vraisemblance que lorsque l'assemblée serait assez nombreuse pour être réputée entière, l'attention divisée jusqu'alors se fixerait sur un seul objet. Je me trompais, chacun continua sa conversation. Lorsque M. Leroy (adjoint géomètre) voulut parler, il réclama inutilement une attention et un silence. La persévérance dans cette demande fut même vertement relevée par un de ses confrères impatientés qui l'assura positivement qu'on ne ferait ni l'un, ni l'autre, en lui ajoutant qu'il était bien le maître de laisser le mémoire qu'il lisait sur le bureau où pourrait en prendre communication qui voudrait. M. Leroy ne fut pas plus heureux dans l'annonce d'une seconde nouveauté. Un second confrère le pria de passer à un autre sujet moins ennuyeux. Enfin une troisième annonce fut brusquement taxée de charlatanerie par un troisième confrère qui voulut bien suspendre sa conversation particulière tout exprès pour donner cette décision réfléchie. Heureusement, il n'avait pas été question de moi en tout cela. Je perdis le fil de la séance en réfléchissant sur l'espèce de vénération que j'avais toujours eue pour l'Académie des Sciences. M. Leroy me tira de ma rêverie en m'annonçant qu'il allait parler de moi; je m'y opposai vivement en le priant de remettre la chose à un autre jour. »

Peu de mois après sa réception à l'Académie des Sciences, Lavoisier obtenait une place dans la ferme générale. Nous allons voir comment il sut concilier ses recherches scientifiques avec les devoirs de cette nouvelle charge.

III

FERMIER GÉNÉRAL

On sait que sous l'ancien régime, la plupart des contributions indirectes étaient recouvrées par une Société financière qui s'appelait les Fermes générales Les Fermes paraissent avoir existé au treizième siècle, mais c'est à Sully qu'on doit leur première organisation. La Compagnie des Fermiers généraux n'était cependant définitivement constituée qu'en 1681 par Colbert, qui adjugea à une Société de quarante financiers, pour un prix annuel de 56 670 000 livres, le privilége de percevoir la plus grande partie des impôts et taxes exigibles des sujets du roi. Ce prix s'éleva à 91 millions en 1738, à 124 millions en 1763 et atteignit 162 millions en 1774 dans le bail de Laurent David.

On conçoit que le roi et son entourage aient trouvé quelques avantages dans le système des Fermes : d'abord la certitude et la fixité du revenu, ensuite la petite satisfaction de pouvoir rejeter sur des tiers l'impopularité qui s'attache toujours aux collecteurs d'impôts ; enfin le roi, les ministres et les courtisans s'arrogeaient à titre de pots-de-vin, de croupes ou de pensions, une notable partie du gain réalisé par la Ferme. C'est ainsi que les fermiers donnaient aux ministres, comme étrennes en argent, bougie, vin et tabac, 135 000 livres par an. Ce sera un grand scandale en 1773 (sous le ministère de l'abbé Terray) lorsqu'un commis infidèle divulguera que sur l'état des croupes et pensions figurent en bonne place le roi, la dauphine, la comtesse de Provence, la famille de Mme de Pompadour, Mme du Barry, la nourrice de feu le duc de Bourgogne, une chanteuse du concert de la reine, un officier de la Petite-Écurie, les huissiers des cabinets du roi ou du comte d'Artois. De pareils faits compromettront peu à peu le bon renom de la Ferme générale. De plus, si dans la Compagnie on trouvait des hommes probes et exacts portant sur eux tout le fardeau de l'administration, on rencontrait malheureusement aussi des aventuriers enrichis par des spéculations inavouables et dont la conduite inconsidérée et le luxe insolent étaient un défi au peuple qui travaillait et qui souffrait. Le libertinage d'un Masson ou d'un Senac, les prodigalités d'un Boutin, d'un de Caze, d'un Bouret ou d'un Grimod de la Reynière devaient rester célèbres. Luxueuses demeures à la ville, belles installations à la campagne, repas plantureux, établissement des filles dans la plus haute société, c'était à quoi servait l'argent du contribuable qu'on pressurait impitoyablement et dont on refusait d'écouter les doléances. Turgot accordera une première satisfaction à l'opinion publique en supprimant les pots-de-vin, croupes et pensions dont Louis XV et sa cour avaient honteusement trafiqué.

Necker ira plus loin. Il limitera la puissance de la Ferme, en attendant que l'État puisse s'occuper lui-même de la gestion de ses revenus : le rôle financier de la Compagnie sera restreint au recouvrement des taxes douanières (traites), des droits d'entrée à Paris, à la vente du sel (gabelles) et au monopole des tabacs.

En même temps la Ferme s'épurera peu à peu. Elle ne comprendra plus que ces hommes laborieux, attachés à leur devoir, financiers distingués et d'une probité au-dessus de tout soupçon, qui s'appellent Jacques Delahante, Paulze, de Crisenoy, Parseval, Papillon d'Auteroche, d'Harlincourt, Borda, Lavoisier. Mais ces améliorations ne réhabiliteront pas cependant la Compagnie aux yeux du public. Les fermiers généraux seront toujours considérés comme des ennemis. Ils demeureront les seuls possédants. On aura intérêt à hâter leur ruine.

Une fois entré à l'Académie, Lavoisier sent qu'une grande fortune est nécessaire à quiconque veut être indépendant et poursuivre des travaux scientifiques. Il chercha donc un moyen de faire fructifier l'argent qu'il tenait de sa mère. C'est alors qu'il se décida à entrer dans les fermes. Un ami, M. de la Galaizière, intendant de Lorraine, le recommanda. Cette recommandation était en effet indispensable, car on ne semblait pas désirer vivement qu'un jeune savant fît partie de cette administration. M. de la Galaizière insista tout particulièrement auprès du contrôleur général, en faisant ressortir tous les services que Lavoisier pouvait rendre à l'État. On finit par admettre le chimiste.

Le fermier général Baudon voulait justement, en raison de son grand âge — il avait alors soixante-quatorze ans — se débarrasser d'une partie de son travail. Il fit de Lavoisier son adjoint. Celui-ci avait droit à un tiers des bénéfices, moyennant un versement préalable de 520 000 livres représentant le tiers de la valeur de la charge (2 mai 1768)... Un peu plus tard, le 17 mai 1771, il augmentera ce fonds d'avance de 260 000 livres et la moitié des bénéfices lui reviendra. De 1768 à 1774, Lavoisier touchera près de 100 000 livres.

Pendant ces six années, ses occupations consistèrent surtout en tournées d'inspection pour la répartition des brigades aux frontières et pour la visite des manufactures de tabac.

En 1774, un nouveau bail était établi. Lavoisier restait adjoint de Baudon et n'était toujours intéressé que pour moitié; mais il prend désormais une part plus active à l'administration de la ferme : il est membre du Comité des tabacs pour Paris, du Comité de la régie des droits d'entrée de Paris, du Comité des Salines de Franche-Comté, de Lorraine et des Trois-Évêchés. En 1779, Baudon mourait et Lavoisier devenait fermier général titulaire.

L'année suivante, lors de la réforme de la Ferme par Necker, Lavoisier, dont on appréciait fort les services, fut admis dans la nouvelle compagnie. Le savant remplissait scrupuleusement ses devoirs de fermier général. Il s'efforçait en outre de simplifier l'administration et essayait de diminuer les frais de perception des impôts. Il tâchait aussi de rendre ces impôts moins vexatoires et moins odieux. Il rédigeait, pour le compte de Necker, des instructions destinées aux employés de la Ferme, afin de modérer leur ardeur à dresser des procès-verbaux. Dans le Clermontois, dont il avait la gestion financière, il abolissait le droit de *pied fourchu* que payaient les Juifs (assimilés aux porcs) lorsqu'ils traversaient ce pays. Ayant dans ses attributions les droits d'entrée de Paris, il proposait au ministre d'entourer la capitale d'un grand mur afin d'empêcher la fraude qui, d'année en année, s'accroissait prodigieusement, au grand détriment de la Ferme et aussi des commerçants honnêtes qui craignaient à juste titre la concurrence de confrères peu scrupuleux. Les ruses des fraudeurs étaient multiples et témoignaient souvent d'un esprit fort inventif. Mercier nous parle, dans son *Tableau de Paris*, de la pierre et de l'arbre creux, de cette prétendue nourrice dont les seins en fer-blanc étaient remplis d'eau-de-vie; il raconte la découverte de 200 pieds de tuyaux de fer-blanc, à l'aide desquels un marchand de vin faisait passer secrètement la liqueur vermeille sous les barrières, et de là jusque dans ses tonneaux.

Le mur proposé par Lavoisier aurait-il mis fin à la contrebande? On peut en douter. En tout cas, l'entreprise commencée en 1784 devait soulever une véritable tempête de récriminations. Calonne avait confié la réalisation du projet à l'architecte Ledoux qui gaspillait 30 millions de livres dans de somptueuses constructions : à une époque où la pénurie d'arg nt était extrême, ces travaux semblaient inopportuns. En outre des pamphlets anonymes reprochaient aux fermiers généraux d'empêcher, « par leur mur d'enceinte, l'air pur d'arriver dans Paris ». Bref, comme disaient les faiseurs de bons mots : *Le mur murant Paris rendait Paris murmurant.*

De 1768 à 1786, Lavoisier avait touché près de 1 200 000 livres. Aux yeux des contemporains, il était le membre de l'Académie des Sciences fourvoyé dans la finance et dont le seul but était : s'enrichir. Un saute-ruisseau des lettres écrivait : « M. Lavoisier, sans chercher la pierre philosophale comme ses confrères MM. les chimistes, l'a trouvée dans sa charge. » On négligeait de proclamer comment ce fermier général utilisait ses gains.

Lavoisier devait conserver sa charge jusqu'à la suppression de la Ferme générale par l'Assemblée nationale, le 20 mars 1791.

IV

RÉGISSEUR DES POUDRES

La fabrication et la vente de la poudre étaient un privilège de l'État, qui cédait ses droits à une entreprise particulière, avec l'appui et sous l'autorité du souverain. Considérant cette organisation comme insuffisante, Turgot, par l'arrêté du 30 mars 1775, résilia le bail de la ferme des poudres et institua la régie. L'activité de Lavoisier trouve ici un nouvel emploi.

Le 30 juin, en effet, quatre régisseurs furent nommés : Babant de Glatigny qui avait appartenu à l'ancienne administration ; Le Faucheux, directeur général de la fabrication sous la Compagnie fermière ; Clouet, commissaire des poudres à Verdun, et Lavoisier « aussi connu par ses lumières en chimie, essentiellement nécessaires pour ce genre d'administration que pour l'activité, la capacité, l'honnêteté qu'il porte dans la partie de la régie des fermes dont il est chargé comme fermier général (1) ».

Grâce à ce nouveau système, la production du salpêtre, bien que le droit de fouille fût limité aux écuries,

(1) DUPONT DE NEMOURS, *Mémoires sur la vie de Turgot.*

bergeries et colombiers, augmenta considérablement. Mais elle n'était néanmoins pas assez rapide pour subvenir aux besoins de la consommation intérieure.

Pour diminuer les achats à l'étranger, les régisseurs se préoccupèrent de l'établissement de nitrières artificielles. Sur le conseil de Lavoisier, Turgot chargea l'Académie des sciences de décerner, en 1778, un prix au meilleur travail sur « la manière la plus avantageuse de produire du salpêtre ». En attendant les résultats du concours, Lavoisier rédigea une *Instruction sur l'établissement des nitrières et sur la fabrication du salpêtre* qui parut en 1777 (1) comme une œuvre collective des régisseurs des poudres.

Au mois de juillet 1777, avec son collègue Clouet et en s'aidant de renseignements fournis par le duc de La Rochefoucauld, il montrait la présence de salpêtre dans les terrains calcaires des environs de La Roche-Guyon (2). Il faisait connaître le moyen de l'extraire et en même temps indiquait un procédé pour établir une nitrière artificielle dans ce pays.

Un peu plus tard, en avril, mai et juin 1778, Lavoisier et Clouet entreprenaient à leurs frais un voyage en Touraine et en Saintonge, pour étudier les terres salpêtrées.

De leur côté, des membres de l'Académie faisaient à l'Arsenal, au laboratoire du grand chimiste, des expériences sur la nitrification (3).

(1) Réimprimée en 1794.
(2) Mémoires de l'Académie des Sciences, 1777.
(3) La question avait été remise au concours, les mémoires parvenus paraissant insuffisants.

Par leurs efforts, par leurs instructions, par leur bonne administration, les régisseurs des poudres augmentaient considérablement la production du salpêtre. Non seulement les stocks de poudre s'accumulaient dans les magasins, mais on vendait aussi à l'étranger. De plus, la qualité de cette poudre était améliorée, la portée de la poudre de guerre, de 80 toises (155 mètres) avant 1775, passait déjà en 1778 à 130 toises (253 mètres). Enfin, en 1788, on pouvait évaluer à 28 millions l'économie réalisée pendant les quatorze années de régie.

Lavoisier accomplissait les devoirs de sa fonction avec intérêt, dévouement et patriotisme. En 1788, son attention était attirée par une proposition de Berthollet. Ce chimiste ayant découvert le muriate suroxygéné de potasse (chlorate de potasse) et étudié ses propriétés, voulait le substituer au salpêtre dans la fabrication de la poudre.

D'après les premiers essais, la poudre fabriquée avec ce nouveau sel paraissait très supérieure, en force, à la « poudre royale ».

Il fut alors décidé qu'on préparerait une certaine quantité de cette poudre au chlorate à la fabrique d'Essonne. L'épreuve avait lieu le 27 octobre 1788 ; malheureusement, elle causait la mort de deux personnes.

Cette catastrophe ne découragea pas Lavoisier.

L'année suivante, un danger d'une autre sorte vint menacer Lavoisier. Avec son collègue Le Faucheux fils, le 6 août 1789, il faillit être victime d'une émeute.

Les magasins de l'Arsenal se trouvaient à ce moment dépourvus de poudre de bonne qualité : aussi les régisseurs avaient-ils pris la décision de renvoyer la poudre de traite à la manufacture d'Essonne et d'en faire venir une quantité égale de poudre à mousquet.

A la vue du bateau chargé au port Saint-Paul, la foule s'émut ; le bruit se répandit que les régisseurs voulaient priver les Parisiens de leurs moyens de défense.

A l'Assemblée des représentants de la Commune, Lavoisier n'eut pas de mal à démontrer le bien-fondé de la mesure. Néanmoins, pour dissiper les craintes de la population, il fut décidé que deux représentants, Thuriot de la Rozière et Franchet, seraient délégués pour procéder à une vérification. Elle eut lieu à l'Arsenal où la poudre avait été réemmagasinée. En présence de Lavoisier et de Le Faucheux fils, quatre tonneaux furent ouverts au hasard : les enquêteurs constatèrent que leur contenu était bien de la poudre de traite.

Mais la foule hurlante, massée devant l'Arsenal, exigeait l'arrestation des deux régisseurs.

Conduits à l'Hôtel de ville, ils se disculpèrent facilement, en montrant à l'Assemblée des représentants l'ordre de transfert de la poudre, signé par le marquis de la Salle, chef de l'état-major de La Fayette. Le peuple, mis au courant, tourna alors sa fureur contre ce La Salle. L'Hôtel de ville fut envahi par la multitude qui cherchait partout le responsable, mais celui-ci, prévenu, avait pu se mettre momentanément à l'abri.

Il était onze heures du soir quand Bailly, qui revenait de Versailles, apprit les incidents de la journée et l'arrestation de son ami Lavoisier. Le maire de Paris décidait de se rendre aussitôt à l'Hôtel de ville, mais quand à minuit il arriva sur la place de Grève, la foule était dispersée et l'ordre complètement rétabli.

Le surlendemain, on déposait à l'Arsenal la poudre à mousquet venue d'Essonne, et l'émotion populaire se calmait.

I. — *Le mariage de Lavoisier.*

Depuis 1771, Lavoisier avait une compagne dans ses travaux. Ses fonctions d'adjoint à la Ferme l'avaient mis en rapports avec Paulze, fermier titulaire.

D'abord avocat au Parlement, Jacques Paulze avait épousé, en 1752, Mlle Claudine Thoynet, fille d'une sœur de l'abbé Terray. Au bout de quelques années, il restait veuf avec quatre enfants, trois fils et une fille, Marie-Anne-Pierrette, née en 1758. Mlle Paulze n'avait pas treize ans, que son grand-oncle Terray, devenu contrôleur général des finances, lui destinait déjà un mari. C'était le comte d'Amerval, gentilhomme âgé et sans état, « il avait cinquante ans et ne possédait pas 1 500 francs de rente ».

Paulze, au risque de perdre ses fonctions de fermier général et de compromettre sa fortune, dut résister au puissant contrôleur. Mais pour éviter de nouvelles sollicitations, il se décida à marier sa fille. C'est alors qu'il songea à l'unir à Lavoisier, dont il avait apprécié le mérite.

Mais la famille se demandait avec une certaine anxiété quelle serait l'attitude du grand-oncle, dont on négligeait les volontés. Ces craintes n'étaient pas fondées et Terray accepta la décision de Paulze sans récriminer. Il tint même à assister à la signature du contrat et voulut que le mariage fût célébré dans la chapelle du Contrôle général.

Ce fut une belle cérémonie que la signature du contrat de mariage d'Antoine-Laurent Lavoisier et de Marie-Anne-Pierrette Paulze, et le 4 décembre 1771, l'assistance se pressait nombreuse dans les salons de l'hôtel d'Aumont, prêtés par M. Terray de Rozières, ancien procureur général à la cour des aides, frère du contrôleur des finances. Il y avait là une foule d'hommes d'État, de savants, de gentilshommes et de financiers que l'acte dressé par Mᵉ Duclos-Dufresnoy mentionne avec complaisance.

Le mariage fut célébré le 16 décembre 1771, dans la chapelle de l'hôtel du Contrôle général des finances, rue Neuve-des-Petits-Champs, par le curé de la paroisse de Saint-Roch, « Jean Marduel, docteur de Sorbonne ».

« Assistaient pour témoins, du côté de l'époux : M. Charles-Martin Hurson, chevalier, conseiller honoraire au Parlement de Paris, intendant de la marine de Provence, demeurant ordinairement à Toulon, de présent rue Saint-Honoré, et M. Jacques de la Hante, escuyer, conseiller-secrétaire du Roy, maison, couronne de France et des finances, l'un des fermiers généraux de Sa Majesté, rue Neuve-Saint-Augustin, parents tous deux du contractant ; du côté de l'épouse, M. Pierre

Terray de Rosières, chevalier, conseiller du roi, maître des requêtes honoraire, ancien procureur général de la cour des aides de Paris, rue du Jour, et M. Joseph-Marie Terray, chevalier, commandant des Ordres du Roy, ministre d'État, contrôleur général des finances, en l'hôtel du Contrôle général, rue des Petits-Champs... »

Lavoisier ne faisait pas un mariage d'argent : sa mère lui avait laissé 170 000 livres, son père lui donnait 250 000 livres en avances d'héritage ; sans doute, il avait beaucoup emprunté pour constituer le fonds d'avance imposé par la Ferme générale, mais il possédait la moitié d'une charge et après remboursement des intérêts des sommes empruntées, les revenus étaient encore notables.

La dot de Mlle Paulze ne s'élevait qu'à 80 000 livres, dont 21 000 comptant.

Les jeunes époux vinrent habiter dans une maison située au coin de la rue Neuve et de la rue des Bons-Enfants (1). Elle appartenait à M. Lavoisier père qui y vivait retiré depuis que la fatigue l'avait obligé à céder sa charge de procureur au Parlement. Après le mariage il se retira au Bourget, dans une petite propriété dont il avait hérité. C'est là qu'il mourut le 15 septembre 1775, à peine âgé de soixante ans. Cette mort devait frapper douloureusement le grand savant qui gardait à son père la plus vive affection.

Deux jours après le malheur, il écrivait à M. de

(1) Démolie en 1864, pour l'agrandissement de la Banque de France.

Tressan (1) : « C'est moins la perte d'un père que j'ai
à regretter dans ce moment, que celle du meilleur de
mes amis. L'union, la tendresse, la confiance réci-
proque qui régnoient entre mon père et moi depuis
ma plus tendre enfance avoient fait jusqu'à ce moment
le bonheur de mes jours (2)... »

II. — *Le laboratoire de l'Arsenal.*

Nommé régisseur des poudres, comme nous l'avons
vu, en juin 1775, ces fonctions obligeaient Lavoisier à
résider à l'Arsenal. Il avait son logement et son laboratoire dans les bâtiments du petit Arsenal qui donnaient
sur la rue de la Cerisaie.

C'est dans ce laboratoire qu'il devait faire les grandes
découvertes qui ont révolutionné ou plutôt créé la
chimie.

C'est là que bientôt se donnèrent rendez-vous tous
les hommes éminents dans les sciences. Ils venaient
assister à des expériences inédites, ou même voir ces
appareils nouveaux construits à grands frais par les
ouvriers les plus habiles de Paris, ces instruments qui,
selon Fourcroy, « étaient d'une précision inconnue
jusqu'à cette époque dans les laboratoires de chimie. »

On rencontrait au laboratoire de l'Arsenal : Mac-

____

(1) Membre de l'Académie française et de l'Académie des
Sciences.

(2) Celle qui avait été pour lui une mère attentive, Mlle Pun-
chis, mourait en 1781.

M. ET Mme LAVOISIER

par David.

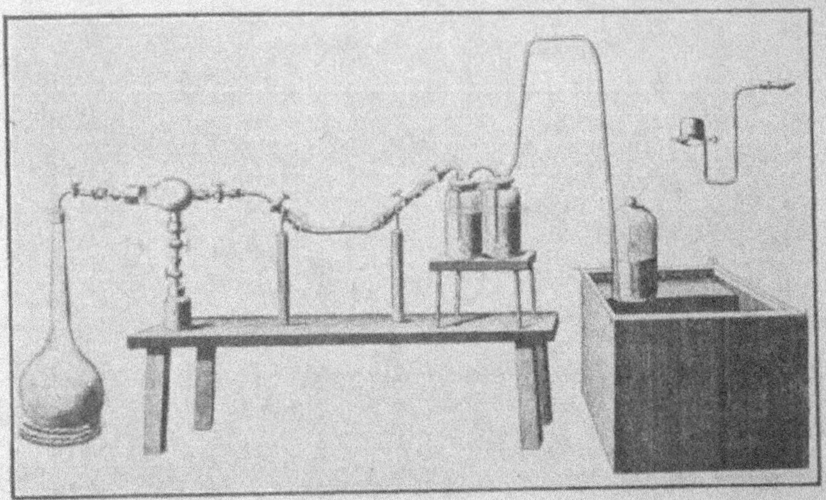

APPAREIL IMAGINÉ PAR LAVOISIER

pour l'étude de la fermentation alcoolique.

(D'après une planche gravée par Mme Lavoisier.)

LAVOISIER DANS SON LABORATOIRE

Expériences sur la respiration de l'homme au repos.

(D'après un dessin de Mme Lavoisier.)

quer, un des doyens de l'Académie, professeur de chimie au Jardin du Roi ; Darcet, célèbre par ses nombreuses recherches de chimie appliquée aux arts et à l'industrie ; Bucquet, l'auteur de l'*Introduction à l'étude des corps naturels tirés du règne végétal et du règne minéral*; Cadet de Gassicourt, pharmacien militaire ; Guyton de Morveau, avocat général au Parlement de Dijon ; Berthollet, qui commençait sa glorieuse carrière ; les géomètres Vandermonde et Cousin, les mathématiciens Lagrange, Laplace, Monge, le lieutenant du génie Meusnier.

On y voyait aussi ces grands amis des sciences qui s'appelaient le duc de La Rochefoucauld, le duc de Chaulnes, le duc d'Ayen, Malesherbes et beaucoup d'autres encore, gentilshommes ou roturiers.

Les savants étrangers visitant Paris ne manqueront pas non plus de venir à l'Arsenal... C'est ainsi que le grand chimiste reçut Blagden, secrétaire perpétuel de la Société royale de Londres ; Ingenhouz, célèbre physiologiste de Vienne ; Fontana, conservateur du cabinet de physique du grand-duc de Toscane ; Benjamin Franklin, le chimiste allemand Jacquin, le célèbre mécanicien anglais James Watt.

Lavoisier, pour remplir ses diverses fonctions et pour se consacrer à ses recherches, était dans la nécessité de régler son temps. Il donnait six heures par jour à la science ; le matin de six heures à neuf heures et le soir après le dîner, de sept à dix heures ; le reste de la journée était employé aux affaires de la Ferme générale, de la régie des poudres, aux séances de l'Académie, aux commissions. Il réservait un jour entier de la semaine pour les expériences.

Le grand savant trouvait en sa compagne une collaboratrice. Mme Lavoisier, femme d'esprit et de goût, appréciait toute la valeur de son mari et s'efforçait de l'aider. Elle savait assez d'anglais pour traduire les mémoires de chimie de Priestley et de Cavendish. Elle gravait avec facilité et plusieurs planches du *Traité de chimie* publié par Lavoisier en 1789 sont de sa main.

Elle travaillait aussi au laboratoire, prenait des notes, dessinait des appareils, inscrivait sur des registres les résultats des expériences. Elle faisait mieux : elle cherchait à propager les idées de son mari, ainsi qu'en témoigne la lettre que Saussure lui adressait de Genève le 7 novembre 1788 :

« Vous triomphés de mes doutes, Madame ; du moins sur le phlogistique, principal objet de l'intéressant ouvrage (1) dont vous m'avez fait l'honneur de m'envoyer un exemplaire. J'étois autrefois grand admirateur de Stahl, c'est dans ses ouvrages que j'ai puisé ma première notion sur la chymie et les objections que l'on avoit élevées contre sa doctrine n'avoient point encore opéré sur moi une conviction parfaite. Mais les préventions les plus fortes doivent céder à la force des raisonnements de M. Lavoisier... »

(1) *Essai sur le phlogistique*, de Kirwan, traduit de l'anglais par Mme L..., in-8º, 1788.

Cette passion d'une femme pour une science aussi sévère et ardue que la chimie n'a d'ailleurs rien d'exceptionnel au dix-huitième siècle :

« Le grand mal de la femme, l'empoisonnement de sa vie, était en un mot de manquer de ce qu'elle a appelé elle-même « un objet ». Un objet, voilà ce que la femme va poursuivre pendant tout le siècle. Et ce fond sérieux et solide de l'esprit, cet intérêt de la pensée, cette base, ce but, ce poids qui lui manque, elle ira les chercher avec passion, avec la fureur de l'engouement, non point dans les passe-temps d'intelligence à sa portée, mais à l'extrémité opposée des talents et des aptitudes de son sexe, dans ces études qui sembleront l'attirer par le sérieux, l'immensité, la profondeur, l'horreur même, par ce qui absorbe et remplit l'intelligence de l'homme. Les romans disparaissent de la toilette des femmes et l'on ne voit plus que des traités de physique et de chimie sur les chiffonnières. Les plus grandes dames et les plus jeunes s'occupent des matières les plus abstraites... Dans les salons de la fin du siècle, on forme des sociétés de vingt, vingt-cinq personnes pour suivre un cours de physique, un cours de chimie appliquée aux arts... Mlle Clairon a son cabinet d'histoire naturelle... Une femme ne se fait plus peindre sur un nuage d'Olympe, mais assise dans un laboratoire. » (E. et J. DE GONCOURT. *La Femme au dix-huitième siècle*.)

III. — *Quelques traits du caractère de Lavoisier.*

A une grande piété Lavoisier joignait une égale bonté. Il aidait de son influence et de sa bourse ceux qui lui semblaient dignes d'intérêt, accueillait les jeunes gens qui avaient des dispositions pour les sciences, leur ouvrait son laboratoire, les présentait aux savants illustres qui fréquentaient chez lui, ou les recommandait pour divers emplois. Cette grande fortune que certains lui reprochaient n'était pas seulement consacrée à l'achat des appareils nécessaires à ses travaux (d'après un contemporain, les expériences sur la synthèse de l'eau coûtèrent près de 50 000 livres), elle lui permettait surtout de secourir ceux qui s'adressaient à lui. Ed. Grimaux, son biographe, qui dépouilla beaucoup de ses papiers intimes, nous dit y avoir retrouvé 20 000 livres de billets non remboursés. S'il faut une autre preuve de son désintéressement, les villes de Blois et de Romorantin, après la mauvaise récolte de 1788, ayant dû faire des emprunts pour acheter des vivres, Lavoisier offrit 50 000 livres à l'une et 6 000 livres à l'autre. Lorsque les habitants voulurent se libérer, le grand savant refusa d'accepter les sommes qu'il avait prêtées :

« Ce n'est point un placement de fonds que j'ay fait, écrivit-il aux officiers municipaux de Romorantin, quand j'ay eu l'intention de concourir aux actes de bienfaisance et d'utilité publique et j'en aurois perdu le faible mérite si ce prêt n'avoit pas été absolument gratuit... »

Lavoisier trouvait partout l'occasion de montrer sa libéralité : il faisait par an deux séjours, de trois semaines chacun, dans sa propriété de Fréchines, située dans la commune de Villefrancœur, sur la route de Blois à Vendôme

Sur ce domaine d'une étendue considérable (1), il entreprenait des recherches agricoles, pour lesquelles il dépensa 120 000 livres en quatorze ans. Il pensait « qu'on pourrait rendre un service important aux cultivateurs de la contrée en y donnant l'exemple d'une agriculture dirigée sur de meilleurs principes ».

Enfin Lavoisier donnait aux paysans de Villefranccœur de multiples preuves de sa bonté : il arbitrait les différends, s'occupait des malades, créait une école gratuite, logeait l'instituteur et lui servait un traitement de 400 livres.

Ce savant avait une âme d'artiste.

Un pamphlet de 1789 : *Don patriotique des fermiers généraux*, lui reprochait « d'avoir une loge à tous les spectacles. »

Il poussait le goût de la musique jusqu'à composer un traité d'harmonie qu'on a retrouvé dans ses papiers. Il s'intéressait aussi à la peinture et à la sculpture. Grimaux a retrouvé un curieux document : c'est un livret du Salon de 1785, où dans les marges et les blancs se trouvent les notes suivantes écrites par le grand chimiste :

VIEN. — *Le retour de Priam avec le corps d'Hector.*
D'une ordonnance et d'un coloris superbe ; cependant l'espèce de repos de Priam et le sentiment dont il paraît

(1) Il l'avait acheté en 1778 et l'avait beaucoup agrandi, d'abord par l'annexion de la seigneurie de Champ-Renaud (vendue à Lavoisier par le comte de Rochambeau avant son départ pour l'Amérique) et en 1784, par celle des terres de Thoisy, de la Chapelle-Vendômoise et de Villauteuil.

inspiré est plutôt celui d'un homme étranger ému par le spectacle qui se passoit sous ses yeux, que celui du désespoir dont un père qui perd son fils, un roy, le soutien de sa patrie, doit être ému. La tête d'Andromaque n'a pas le charme attendrissant du tableau du même auteur du dernier Salon. Du reste, l'expression des autres têtes, les costumes sont superbes. C'est le plus beau tableau du Salon.

Amédée VANLOO. — *La fille de Jephté allant au-devant de son père.*

Mauvaise couleur. Le père porte bien le caractère de l'homme capable de faire un vœu aussi fou. La fille n'a point d'expression, point de beauté.

MÉNAGEOT. — *Alceste rendue à son mari par Hercule.*

Il est mal peint et la figure d'Alceste manquée, la composition mal conçue. Ou cet homme n'est pas marié, ou je le plains ; il n'a jamais senti le bonheur de la réunion après avoir été séparé de ce que l'on aime.

VERNET. — *Une marine.*

Il ne vieillit point. Même coloris, même vérité. Il connaît la nature mieux que sa maîtresse ; il la saisit dans toutes ses nuances, dans toutes ses variétés, et la prend sur le fait.

Mme LE BRUN. — *Bacchante assise.*

Tête superbe, d'une composition correcte et hardie ; le corps n'est pas beau.

DAVID. — *Serment des Horaces.*

La composition en est très simple ; le sentiment qui anime ces trois fils est bien fortement exprimé. Ils sont tous les trois sur la même ligne, et jettent les bras en avant vers leur père qui tient trois épées et qui se jette en arrière, ce qui fait un mouvement désagréable. Il y a une faute de perspective et de dessin ; le bras d'un des frères ne peut exister tel qu'il est. L'abandon et la crainte de Camille sont bien exprimés.

Très peu mondain, Lavoisier ne fréquentait guère les salons de conversation. Cependant à l'époque de la Révolution, délaissant la chimie, entièrement pris par la politique, il fut un des habitués de cet hôtel de la rue Chantereine où la femme du tragédien Talma se plaisait à recevoir tout ce que Paris compte d'hommes éminents dans la politique, les lettres, les arts et les sciences. Dans les galeries ornées de casques gaulois, de poignards grecs, de flèches indiennes, de yatagans turcs, trophées dont David avait donné le goût au grand acteur, on voyait passer Vergniaud et Roger Ducos, Ducis et Legouvé, Mlle Vestris et Mlle Desgarcins; dans un petit salon, La Harpe échangeait des épigrammes avec Chamfort, Marie-Joseph Chénier conversait avec l'acteur Du Gazon, le savant Millin soutenait une discussion avec l'orientaliste Langlès : Lavoisier s'entretenait avec le poëte Roucher. Puis tous ces hommes illustres et ces femmes charmantes s'assemblaient dans le grand salon et interrompaient leurs conversations pour écouter chanter Julie Candeille, cependant que loin de la brillante invasion, Talma repassait ses rôles dans la cuisine.

Quand viendront les mauvais jours, et que cette société brillante sera dans les prisons de Robespierre, elle évoquera ces réceptions de Mme Talma.

VI

LES GRANDES DÉCOUVERTES

I. — *Lavoisier, créateur de la chimie moderne.*

> Les conceptions qui ont fondé
> la chimie moderne sont dues à un
> seul homme, Lavoisier.
>
> M. BERTHELOT.

La chimie a subi au cours des âges plusieurs révolutions dignes d'être signalées.

Art saint exercé par des prêtres et seulement accessible à l'élite, la chimie, tout au moins dans ses applications, est déjà très développée dans l'antique Égypte, comme en témoignent les objets d'art qui nous sont parvenus.

Il n'est pas moins curieux de constater que le germe de la théorie atomique moderne se trouve déjà chez le philosophe grec Leucippe qui vivait quatre cent cinquante ans avant Jésus-Christ. « L'univers est infini, dit ce philosophe ; sa partie pondérable est constituée de parcelles infinitésimales, d'atomes de forme déterminée, variable d'une substance à l'autre et dont l'infinité se meut dans le vide, se heurtant continuellement et accidentellement ». Cette vue géniale devait rester dans l'oubli pendant plus de vingt siècles.

En 640, les Arabes devenus maîtres de l'Égypte y créent un mouvement scientifique important et transforment la *chimie* des anciens prêtres en une *alchimie* dont le but est la préparation de l'or et de l'argent.

Transmis par Gerber et par des savants que nous aimons nous représenter avec beaucoup de barbe, coiffés de hauts chapeaux, enveloppés d'amples manteaux, penchés sur quelque creuset magique ou quelque livre bardé de fer, cet art énigmatique cède sa place, au quinzième siècle, à la *iatrochimie* de Paracelse qui a en vue la préparation des médicaments.

Cette iatrochimie fait place elle-même, au dix-septième siècle, à la *chimie pneumatique* de Boyle caractérisée par l'étude des gaz.

Au moment où paraît Lavoisier, la chimie est un art exercé principalement par des médecins et poussé à sa perfection par le lent travail et les patientes observations des orfèvres, des métallurgistes, des apothicaires ; de plus en plus cet art tend à devenir une science prudente et sûre ; ses complications antiques et médiévales ont disparu et il reçoit une clarté nouvelle de la séduisante théorie du *phlogistique*.

Stahl, chimiste et médecin du roi de Prusse, réunissant les faits fondamentaux déjà connus, en a donné une interprétation synthétique et claire qui paraît conforme aux apparences générales des phénomènes chimiques. Si l'on brûle du charbon dans l'air, il reste un résidu de cendres dont le poids est très inférieur à celui du charbon employé. Stahl pense que la matière perdue a été transformée en chaleur et en lumière. Il considère le charbon comme une combinaison de cendres avec un élément universel, le phlogistique, capable de se transformer en chaleur et en lumière sous l'influence d'une élévation de température. En conséquence, tous les corps combustibles : soufre, huiles, charbons, renferment du phlogistique à côté d'une quantité plus ou moins considérable de terre.

Les métaux obéissent à la même loi. Stahl les considère comme des corps combustibles parce qu'en les chauffant il les voit se transformer en « chaux métalliques ».

La cendre, la terre, les chaux métalliques sont des corps déphlogistiqués qu'il suffit de chauffer avec des corps combustibles : huile, charbon, soufre contenant le phlogistique pour reconstituer les corps primitifs. Ainsi s'explique que la litharge mise en présence du charbon et chauffée, puisse donner naissance à du plomb métallique.

Cette théorie, qui avait beaucoup simplifié l'étude de la chimie, était adoptée presque partout. Elle n'était cependant pas conforme aux faits, car, dans toutes les réactions auxquelles on assistait, on ne soupçonnait pas le rôle de l'air atmosphérique, facteur très important de la transformation des corps. De plus, de nombreux phénomènes restaient inexplicables avec cette théorie. Mais, depuis près d'un siècle, elle contentait les esprits et personne ne songeait à la critiquer. Pour en révéler l'inexactitude il fallait toute l'indépendance et toute la rigueur du génie de Lavoisier.

****

Jean Rey, vers 1630, avait écrit : « L'étain et le plomb augmentent de poids quand on les calcine, à cause de l'air épaissi et adhésif qui s'y fixe ». Stahl attribuait ce phénomène à un simple départ du phlogistique.

Lavoisier n'accepte pas l'explication. Il répète cette expérience. Il calcine de l'étain en présence de l'air, mais dans un vase fermé, et il constate que le poids total du système n'a pas varié. Cependant, au cours de la calcination, l'étain s'est transformé en « chaux » et son poids a augmenté. Comme le poids du système est resté invariable, Lavoisier conclut que c'est aux dépens de l'air intérieur que s'est faite l'augmentation de poids du métal. Et, en effet, il observe que cette augmentation correspond exactement à la perte de poids éprouvée par l'air du récipient.

L'expérience est nette. Elle démontre que le métal est un corps simple et la « chaux métallique » un corps composé. C'est un premier heurt à la théorie de Stahl.

Poursuivant ce travail, qu'il publiera en 1774 dans un livre intitulé : *Opuscules physiques et chimiques*, Lavoisier montre que l'air est également fixé dans la combustion du soufre et du phosphore.

Cette combustion donne naissance à des acides, ce qui permet à Lavoisier de faire un rapprochement inattendu entre la formation des acides et celle des chaux métalliques.

Cette conclusion, un peu générale sans doute, s'applique cependant bien aux phénomènes que le savant vient d'observer et elle l'amène presque logiquement à se préoccuper de la composition de l'air.

On savait depuis longtemps que le mercure chauffé à l'air se change en une matière rouge comparable à une « chaux métallique » et que cette matière, sous l'action de la chaleur, régénère son métal sans apport de charbon ou d'aucun corps combustible, phénomène que Stahl ne parvient pas à expliquer. Les deux grands chimistes Bayen et Priestley savent de plus que cette régénération du métal met en liberté un gaz qui possède la remarquable propriété d'entretenir avec vivacité la flamme d'une chandelle et de rendre la respiration plus aisée. Les deux savants viennent de toucher à la découverte de l'oxygène mais ne savent pas l'interpréter.

Respectueux du phlogistique et continuant, à l'exemple des Anciens, de considérer l'air comme un corps homogène simple, Priestley regarde ce nouveau gaz comme « formé par la matière même de l'air privé de son phlogistique qu'il a cédé au mercure pour le régénérer à l'état métallique ». Il le désigne sous le nom d'air déphlogistiqué par opposition à l'air phlogistiqué, ainsi qu'il appelle l'azote qu'il vient aussi de découvrir.

Lavoisier refait l'expérience. Il fait chauffer pendant douze jours quatre onces de mercure dans un récipient contenant cinquante pouces cubes d'air.

Ce temps écoulé, il remarque que l'air a diminué de volume : « Huit à neuf pouces d'air pur ou air vital » ont disparu. Cet air vital ou oxygène peut être régénéré en chauffant la « chaux du mercure ». En outre, si l'on ajoute au gaz qui reste dans le vaisseau après la calcination du mercure, et qui n'est autre que l'azote de Priestley, l'oxygène régénéré, on retrouve un gaz identique à l'air ordinaire.

Par cette double expérience, Lavoisier montre que l'air atmosphérique est un véritable corps composé (*Mémoire* lu à l'Académie, le 26 avril 1775). Il détermine exactement les proportions de ses deux composants : soixante et onze parties d'azote pour dix-neuf parties d'oxygène et, vérifiant ces résultats par une synthèse remarquable, la première de la chimie, il renverse la théorie du phlogistique.

Mais une croyance séculaire, « un système d'idées jugé préférable à tout autre » ne se détruit pas aisément.

De toutes parts, dans le monde scientifique, les protestations éclatent. Quoi ! Lavoisier qui n'a que trente-trois ans, cet amateur, ce dilettante, ce fermier général prétend anéantir le dogme stahlien que tout le siècle a vu suffire aux besoins de la science. Quel est ce conte?

A Berlin, où la théorie fameuse est née, Lavoisier est brûlé en effigie comme « un hérétique de la science ». En Angleterre, on l'accuse de reprendre les idées des autres sans les citer, accusation sans fondement, car quiconque prend la peine de regarder les Mémoires du célèbre chimiste voit quel soin il met à mentionner les œuvres des autres savants. En France, Bayen réimprime le vieux livre oublié dans lequel Rey essayait d'expliquer l'augmentation de poids observée pendant la calcination de l'étain et du plomb. De nombreux savants s'adressent des lettres. Des discussions s'élèvent. On assiste aux résistances de Monge et de Macquer. Des ouvrages en faveur du phlogistique se réimpriment. Et comme il est d'usage à la veille des révolutions, quelques pamphlets apparaissent. L'émoi est considérable. Il cache une crise salutaire à toute la science expérimentale.

Pour bien croire comme pour bien douter, disent les psychologues, « il faut connaître l'anxiété sublime des esprits avides de savoir ; il faut souffrir généreusement, noblement, du mal de l'inconnaissable ». Depuis quelques mois, cette anxiété étreint les hommes de science.

En des travaux où règnent la sincérité, la précision et une incomparable logique, Lavoisier leur montre l'insuffisance de la théorie de Stahl. Il prétend qu'au delà des faits déjà expliqués il s'en trouve une infinité d'autres que la science n'a pas effleurés. Jusqu'ici, elle cheminait satisfaite de tout et d'elle-même ; Lavoisier la lance vers l'inconnu. Il met en doute, discute, approfondit tout.

Chez les esprits libres la vérité fait peu à peu son chemin. Elle y provoque d'abord la révolte; puis la crise s'apaise. On accepte la méthode du jeune savant et bientôt on la soutient. Quelques années encore et dans la voie nouvelle ouverte par Lavoisier tous les chimistes du monde se lanceront. Et deux siècles verront s'accomplir mille fois plus de découvertes qu'il n'en fut fait en dix-sept !

L'œuvre éclatante du savant se poursuit. Interprétant les faits accumulés, il continue d'en faire le point de départ de ses expériences pour en déduire, dit justement Marcelin Berthelot, « le système général de la chimie moderne ».

L'analyse de l'air par oxydation du mercure et le régénération de l'oxygène par simple chauffage de l'oxyde formé, conduisent Lavoisier à étudier le phénomène général de la réduction des oxydes métalliques.

Il explique l'action réductrice du charbon. Celui-ci fixe l'oxygène des oxydes métalliques chauffés avec lui et régénère les métaux, lorsque ces oxydes sont suffisamment stables pour ne pas se décomposer par une simple élévation de température. Il établit que cette fixation d'oxygène par le charbon produit de l'acide carbonique dont il détermine la formule avec une remarquable précision. Étendant ensuite cette recherche à la combustion du diamant dans l'oxygène, il fait connaître la nature jusque-là inconnue de la pierre précieuse, en montrant son identité avec le charbon dont elle est la forme la plus pure (*Mémoires* de l'Académie de 1781).

Lavoisier étudie enfin la combustion du phosphore, du soufre, du carbone, de l'azote et développe l'idée émise par lui quelques années auparavant, que la plupart des acides sont issus de la combinaison de leurs radicaux, phosphore, soufre, carbone, azote, avec l'oxygène en présence de l'eau. Il confirme cette hypothèse en décomposant ces acides et mettant en liberté leurs divers constituants.

**

Mais, ces démonstrations faites, il fallait expliquer le dégagement de chaleur qui se manifeste pendant la combustion et donner une définition du feu, le feu qui était un élément aux yeux des Anciens et que beaucoup de savants considéraient encore comme pondérable.

Lavoisier définit d'abord cette chaleur, ce calorique, une forme d'énergie existant à l'état latent dans tout corps composé et susceptible d'être mise en liberté pendant des oxydations ou des combustions, ou d'être absorbée pendant d'autres combinaisons, idée parfaitement admise par les partisans de la théorie de Stahl.

En effet, explique Lavoisier, si une combinaison nouvelle renferme moins de calorique qu'il n'en existait dans les corps qui lui ont donné naissance, ce calorique est mis en liberté au cours de la combinaison et il en résulte une élévation de température. Réciproquement, si les substances formées dans la combinaison contiennent plus de calorique que les composants, le calorique nécessaire est emprunté au milieu extérieur et il en résulte un abaissement de la température.

Ce dégagement ou cette absorption de chaleur peuvent aussi être constatés au cours des actions physiques. C'est ce qui arrive pendant l'évaporation. Il se produit une absorption de chaleur et par suite un refroidissement. Les machines frigorifiques actuelles reposent sur ce principe.

Tous ces faits ordonnés par une logique impeccable amènent alors Lavoisier à attribuer à presque tous les corps trois états différents : l'état solide, l'état liquide et l'état gazeux, et en même temps à prévoir la liquéfaction de tous les gaz.

En compagnie de Laplace alors à ses débuts, Lavoisier approfondit la notion de chaleur. Les deux savants la considèrent comme « le résultat d'un mouvement insensible des molécules de la matière, comme la force vive de celles-ci, capable en augmentant de désunir et de décomposer les corps ».

A la suite d'expériences nombreuses qui durent plusieurs années mais dont le compte rendu ne peut trouver place ici, ils établissent cette loi importante, base de la calorimétrie et de la thermochimie :
« Dans un mélange de corps, la chaleur est consrevée

et la somme des chaleurs dégagées ou absorbées ne varie pas lorsqu'on revient à un même état primitif après une suite de combinaisons ou de changements d'état. »

Au moyen d'un calorimètre de leur invention, Lavoisier et Laplace mesurant la quantité de glace fondue dans l'appareil qui entoure les corps qu'ils étudient, déterminent pour la première fois ce que les physiciens appelleront les chaleurs spécifiques.

***

Cavendish, en 1767, avait découvert l'hydrogène en partant de l'eau. Mais la découverte n'avait pas eu de suite. L'eau continuait d'être considérée comme un élément, « une substance inaltérable et indestructible », souligne Macquer en 1778 et l'hydrogène, à cause de sa propriété combustible, comme l'une des formes les plus pures du phlogistique. Lavoisier était vivement préoccupé par cette question. En 1774, il avait bien étudié la combustion de l'hydrogène et constaté que celle-ci dégageait de l'eau, mais, comme Priestley, il pensait que cette eau préexistait à l'état de vapeur avec l'hydrogène et se condensait par la combustion de ce gaz. Cependant cette quantité d'eau mise en liberté était si considérable qu'on ne pouvait pas simplement l'attribuer à l'humidité des gaz.

Le 24 juin 1783, Lavoisier, instruit par ses précédents travaux, reprend la question ; il répète l'expérience de Cavendish et de Priestley, qui consiste à brûler un volume d'hydrogène dans deux volumes d'oxygène. Comme eux il obtient de l'eau pure. Mais ayant pris la précaution de peser les gaz employés, il remarque que le poids de l'eau ainsi obtenue correspond exactement au poids total des deux gaz qui l'ont formée. Il faut donc conclure que l'eau n'est pas un élément, comme on persiste à le croire, mais une combinaison de l'oxygène avec l'hydrogène.

Lavoisier répète ses expériences devant l'Académie des Sciences en montrant la portée des découvertes faites par Cavendish et Priestley. Mais cette probité scientifique n'a pas d'écho. Les savants cités, auxquels se sont joints Monge et Watt, n'admettent pas qu'il ait manqué si peu à leurs découvertes pour en faire une œuvre de génie. Ils discutent le triomphe de Lavoisier. Ils revendiquent la gloire de travaux que celui-ci ne leur a jamais contestés et la querelle reprend.

Pendant plusieurs années, le jeune savant répète les expériences, accumulant preuves sur preuves pour persuader ses adversaires. Et grâce à cette obstination, la science bouleversée s'enrichit de fructueuses découvertes.

Lavoisier montre d'abord qu'il se forme de l'eau dans la réduction des oxydes métalliques par l'hydrogène et, renversant cette expérience d'une manière inattendue, il décompose l'eau qu'il vient d'obtenir, au contact d'un métal chauffé au rouge. Il remet en liberté l'hydrogène dont il est parti, ainsi que l'oxygène sous la forme d'un oxyde métallique. Et cette recherche immédiatement appliquée donne lieu à un procédé pratique et économique de fabrication d'hydrogène pour les aérostats que le physicien Charles vient de construire. Ce procédé consiste à faire agir la vapeur d'eau sur du fer chauffé au rouge.

Lavoisier prouve aussi qu'il se produit de l'eau à côté de l'acide carbonique dans la combustion des matières organiques, et que cette eau provient de l'hydrogène emprunté à ces matières. Appliquant cette découverte, il analyse, selon des principes que les chimistes suivent encore aujourd'hui, l'alcool, l'huile, la cire. Lavoisier vient de créer l'analyse organique dont les conséquences incalculables devaient se révéler au siècle suivant.

Ces expériences considérables triomphent des dernières hésitations des collègues de Lavoisier à l'Académie des Sciences et dans toute la France. Lefèvre, Gineau, Séguin, Vauquelin les confirment. Berthollet, Guyton de Morveau, Monge, Meusnier, Chaptal, Fourcroy s'y rallient pour leur gloire.

***

Lavoisier confirme la définition du corps simple donnée par Lémery, cinquante années auparavant : « C'est un corps indécomposable avec les moyens employés jusqu'à maintenant. » Définition peu précise sans doute parce que Lavoisier ne connaît pas les poids atomiques, mais qui est très utile pour formuler la découverte qui fait réellement de lui le créateur de la chimie moderne, l'axiome de l'invariabilité de l'équation des corps mis en jeu et des corps formés dans les réactions chimiques.

« Rien ne se crée, écrit Lavoisier, ni dans les opérations de l'art, ni dans celles de la nature, et l'on peut poser en principe que dans toute opération il y a une égale quantité de matière avant et après l'opération, que la qualité et la quantité des principes est la même et qu'il n'y a que des changements, des modifications. C'est sur ce principe qu'est fondé tout l'art des expériences en chimie ; on est obligé de supposer dans toutes une véritable égalité ou équation entre les principes des corps qu'on examine et ceux qu'on retire par l'analyse. »

Ce principe, que le chimiste vient de proclamer, s'applique dans son universalité aux phénomènes des êtres vivants aussi bien qu'à ceux des corps bruts. Lavoisier en pressentira la grandeur lorsque, après avoir découvert les éléments essentiels des matières organiques, carbone, hydrogène, oxygène (liste à laquelle Berthollet ajoute l'azote en 1787), il formulera ainsi la statique chimique des êtres organisés :

« Les végétaux puisent dans l'atmosphère, l'eau ; dans le règne minéral, les matériaux nécessaires à leur organisation. Les animaux se nourrissent ou de végétaux ou d'autres animaux nourris eux-mêmes de végétaux. En sorte que les matériaux qui les forment sont toujours tirés de l'air et du règne minéral. Enfin la fermentation, la putréfaction et la combustion rendent perpétuellement à l'air et au règne minéral les principes que les végétaux et les animaux ont empruntés.

« Par quels procédés la nature opère-t-elle cette merveilleuse circulation entre les trois règnes? Comment parvient-elle à former des substances combustibles, fermentescibles et putrescibles avec des matériaux qui n'avaient aucune de ces propriétés? Ce sont des mystères impénétrables. On entrevoit cependant que la végétation et l'animalisation doivent être des phénomènes inverses de la combustion et de la putréfaction. »

Si Lavoisier ne résout pas ces importantes questions, il éclaircit du moins l'une d'elles, la fermentation.

De tout temps, ce phénomène avait étonné les hommes, mais il était resté incompréhensible. On savait simplement qu'il se produit de l'acide carbonique dans la fermentation du vin.

Lavoisier fait des expériences et explique que la fermentation vineuse consiste dans le dédoublement du sucre, par le partage de l'oxygène entre le carbone et l'hydrogène. Puis, étendant sa recherche à la fermentation acétique, il montre que l'alcool produit dans l'opération précédente est transformé en vinaigre par une simple oxydation.

Il était réservé à Pasteur de tirer un parti nouveau de ces premiers travaux qui préparaient Lavoisier à des études physiologiques qui retiendront notre attention.

***

La théorie et l'expérimentation chimiques ainsi transformées, la langue doit l'être également. Jusqu'alors les chimistes se servaient, pour désigner les corps, de noms empiriques auxquels Lémery, au dix-septième siècle, avait essayé de substituer des termes plus exacts. Mais ceux-ci étaient encore fort obscurs. C'est ainsi que dans le *Traité de Chymie* de ce savant on trouve des termes comme caustique perpétuel pour désigner le nitrate d'argent, safran de mars pour oxyde de fer, magistère de bismuth pour sous-nitrate de bismuth.

Lavoisier, Guyton de Morveau, Macquer, Berthollet, Fourcroy remplacent ces noms par ceux des combinaisons correspondantes en suivant ce principe général de constituer le nom d'un composé avec ceux de ses composants. Désormais les combinaisons de l'oxygène avec les substances métalliques porteront le nom d'oxydes (oxyde de fer, oxyde de plomb); celles de l'oxygène avec les corps dits métalloïdes : carbone, soufre, etc., celui d'acides (acide carbonique, acide sulfurique). Lorsqu'il existera plusieurs composés on les distinguera par une terminaison spéciale (acide sulfurique, acide sulfureux). Les combinaisons exemptes d'oxygène auront leur nom terminé en *ure* (sulfure de plomb, phosphure de cuivre).

Cette nomenclature très simple qui rendait, disait-on, « la chimie aussi facile à apprendre que l'algèbre », fut présentée en détail dans le *Traité de Chimie* de Lavoisier. Cet ouvrage devait être adopté par toute l'Europe et considéré pendant longtemps comme la charte de l'enseignement et des recherches scientifiques en chimie.

II. — *Lavoisier et la physiologie.*

S'il n'y avait dans l'histoire de la physiologie que trois noms à citer, ce serait Galien, qui a distingué les grandes fonctions organiques et reconnu les propriétés de la moelle ; Harvey, qui a découvert la circulation du sang, et Lavoisier, qui a découvert la fonction chimique des êtres vivants.

Ch. RICHET.

A l'époque de Lavoisier, on suppose encore avec Stahl que l'air est phlogistiqué par la respiration comme dans une combustion vive.

Priestley a bien reconnu que l'oxygène est plus propre que l'air ordinaire à entretenir la respiration ou la combustion, mais comme toujours il interprète mal sa découverte.

Lavoisier répète les expériences du savant anglais et conclut d'une façon tout à fait opposée. Il montre d'abord que l'air dépouillé d'oxygène est devenu irrespirable, de même que l'air altéré par la respiration d'un oiseau. Mais comme l'air respiré par l'oiseau renferme en outre de l'acide carbonique qui n'existe pas dans le premier cas, Lavoisier s'en débarrasse. Il constate

alors qu'il suffit d'ajouter de l'oxygène au gaz rési-
duel, qui est l'azote, pour reconstituer l'air primitif. Il
y a donc fixation par l'animal de l'oxygène de l'air
pendant la respiration.

Mais il reste à expliquer comment cet oxygène agit
dans l'organisme et comment se forme l'acide carbonique dont on constate la présence.

Lavoisier fait l'hypothèse suivante : la respiration
est une combustion directe ; la chaleur animale peut
être comparée à la chaleur d'une combustion vive,
l'une et l'autre étant dues à la fixation de l'oxygène ;
mais, chez l'animal, c'est le sang qui fournit le combustible que les aliments restituent sans cesse.

Cette hypothèse hardie, Lavoisier la soumet à des
expériences rigoureuses. Avec Laplace et en se servant
du calorimètre et de la balance, il compare les effets
de la respiration de l'animal, un cochon d'Inde en la
circonstance, à ceux de la combustion d'une chandelle.
Après plusieurs mois de travail les deux savants établissent que : « Lorsqu'un animal est dans un état
permanent et tranquille, de telle sorte qu'après plusieurs heures le système animal n'éprouve point de
variation sensible, la conservation de la chaleur animale est due au moins en grande partie à la chaleur
que produit la combinaison de l'oxygène respiré avec
la base de l'air fixe que le sang lui fournit. »

Le phénomène est plus compliqué que Lavoisier et
Laplace le supposent, mais il n'en reste pas moins vrai
que la respiration est l'origine d'une combustion lente
analogue à celle du charbon.

Poursuivant ces travaux avec Séguin, Lavoisier montre en 1785 que la formation de l'eau pendant la respiration est due à la combustion de l'hydrogène et qu'elle contribue à la production de la chaleur animale.

Grâce au dévouement de son collaborateur qui consent à appliquer sur lui-même les expériences faites sur les animaux, Lavoisier montre de plus que cette élimination de vapeur d'eau se fait par le poumon et par la surface de la peau, régularisant ainsi la température de l'organisme.

Les savants étudient ensuite l'influence de la digestion, du travail mécanique, de la température extérieure sur la respiration. Travaux remarquables que la haine des Conventionnels interrompt, et qui seront rédigés par Séguin après la mort du maître.

Lavoisier a eu conscience de la grandeur de cette œuvre. Dans les derniers jours de sa vie, il écrivait dans son laboratoire en désordre et si riche de promesses : « Ce genre d'observations conduit à comparer des emplois de forces entre lesquelles il semblerait n'exister aucun rapport. On peut connaître, par exemple, à combien de livres en poids répondent les efforts d'un homme qui récite un discours, d'un musicien qui joue d'un instrument. On pourrait même évaluer ce qu'il y a de mécanique dans le travail du philosophe qui réfléchit, de l'homme de lettres qui écrit, du musicien qui compose. Ces effets considérés comme purement moraux ont quelque chose de physique et de matériel. Ce n'est pas sans quelque justesse que la langue française a confondu sous la dénomination commune le travail des efforts de l'esprit comme ceux du corps. »

Dans le domaine de la physiologie comme dans celui de la chimie, Lavoisier vient de rénover la méthode expérimentale.

VII

LA RÉVOLUTION ; ENTHOUSIASME ET DÉCEPTIONS

Avec la Révolution commence une nouvelle époque de la vie de Lavoisier. Brusquement les événements jettent le savant dans la mêlée. Cette vie publique devait bientôt finir tragiquement.

Lors de la convocation des États généraux, Lavoisier partagea ce grand enthousiasme qui s'était emparé de la nation.

Membre de la noblesse du bailliage de Blois (1), il se rendait dans cette ville à la fin de février 1789 pour prendre part à la rédaction du cahier de son ordre et procéder à l'élection des députés. La noblesse du bailliage de Blois nomma le grand savant secrétaire, en le chargeant de rédiger le « cahier de doléances ».

Dans ce document, dès le préambule, on reconnaît les pensées généreuses de Lavoisier :

« Le but de toute institution sociale est de rendre le plus heureux qu'il est possible ceux qui vivent sous ses lois.

(1) Il possédait le titre d'écuyer. Malgré ce titre, Lavoisier, de 1787 à 1788, représentait Romorantin dans l'ordre du tiers, à l'Assemblée provinciale de l'Orléanais.

« Le bonheur ne doit pas être réservé à un petit nombre d'hommes, il appartient à tous. Ce n'est point un privilège exclusif qu'il faut disputer ; c'est un droit commun qu'il faut conserver, qu'il faut partager, et la félicité publique est une source dans laquelle chacun a le droit de puiser la sienne. »

Suivaient les revendications de la noblesse de Blois : la liberté individuelle, « le premier et le plus sacré des droits de l'homme », la liberté de la presse sans censure, l'abolition des pouvoirs arbitraires de la police et la suppression des jurandes et corporations « qui interdisent aux citoyens de faire usage de leurs facultés », l'établissement des impôts (aucun ne doit être créé, levé ou perçu sans le consentement de la nation ; tous les citoyens doivent y contribuer selon la valeur de leurs propriétés), l'abolition des droits sur la marque des cuirs, du droit de contrôle des actes ou droit d'enregistrement, la suppression des privilèges des villes franches, des maîtres de poste (l'impôt devant atteindre tous les lieux comme toutes les personnes proportionnellement au produit net de leurs revenus) ; la réforme de la justice, la protection de l'agriculture, l'administration des domaines et forêts du roi.

La noblesse du Blésois concluait en demandant que les États généraux ne se séparassent qu'après avoir établi la nouvelle Constitution et qu'ils se réunissent périodiquement pour en assurer le fonctionnement.

L'assemblée générale de la noblesse du bailliage de Blois, composée de quatre-vingt-dix-neuf membres et présidée par le marquis Hurant de Saint-Denis, adoptait ce cahier le 28 mai. Deux jours après, elle élisait ses députés : Alexandre-François-Marie, vicomte de Beauharnais, major en second du régiment de la Sarre, Louis-Jean de Phélines, capitaine au corps royal du génie, et Lavoisier suppléant. Sans doute était-il d'une noblesse trop récente pour représenter son ordre autrement qu'à ce titre.

Lavoisier revenait à Paris au mois d'avril. Il reprenait ses fonctions à la Ferme générale et à la régie des poudres et poursuivait ses travaux de laboratoire. Mais bientôt il allait prendre part aux réunions de l'assemblée des représentants de la Commune. En effet, le 18 septembre, les électeurs du district Culture-Sainte-Catherine, désignaient le grand chimiste pour les représenter. Dans cette assemblée de trois cents membres qui avait choisi Bailly comme maire et nommé La Fayette commandant de la garde nationale, on rencontrait quelques hommes de science. Lavoisier retrouvait plusieurs de ses confrères à l'Académie : Condorcet, Thouin, Antoine-Laurent de Jussieu, Broussonnet, Cousin...

Dès la création de la milice citoyenne, il était inscrit sur les contrôles de l'Arsenal.

Lavoisier était satisfait des premiers résultats acquis par la Révolution. Mais au début de l'année 1790, il commence à s'inquiéter de la tournure que prennent les événements. Peu de temps après avoir prêté, comme député suppléant, le serment civique à la barre de l'Assemblée nationale, il écrit à Benjamin Franklin :

« Après vous avoir entretenu de ce qui se passe dans la chimie, ce serait bien le cas de vous parler de notre révolution politique ; nous la regardons comme faitte et bien faitte sans retour ; il existe cependant encore un parti aristocratique qui fait de vains efforts et qui est évidemment le plus faible. Le parti démocratique a de son côté le plus grand nombre, et de plus l'instruction, la philosophie et les lumières. Les personnes modérées et qui ont conservé leur sang-froid dans cette effervescence générale, pensent que les circonstances nous ont entraînés trop loin, qu'il est fâcheux qu'on ait été obligé d'armer le peuple et tous les citoyens ; qu'il est impolitique de placer la force entre les mains de ceux qui doivent obéir, et qu'il est à craindre que l'établissement de la nouvelle constitution n'éprouve des obstacles de la part de ceux mêmes en faveur de qui elle a été faitte... Nous regrettons bien dans ce moment votre éloignement de France ; vous auriés été notre guide et vous nous auriés marqué les bornes que nous n'aurions pas dû franchir... »

Lavoisier assistait régulièrement aux séances d'un club créé au commencement de 1789 et dont le nom indiquait les tendances : la Société de 89.

Cette Société, dont le siège était au n° 102 du Palais-Royal, avait acquis une certaine importance tant par le nombre (416) que par la qualité de ses membres. Elle comptait en effet, parmi ses adhérents : Bailly, Monge, Vandermonde, Brissot, André Chénier, le duc de La Rochefoucauld, l'abbé Sieyès, Dupont de Nemours, Mirabeau.

Son but était « de développer, de défendre et de propager les principes de la Constitution libre, et plus spécialement de contribuer de toutes ses forces au progrès de l'art social ».

Mais un tel club ne pouvait devenir populaire à cause de la cotisation élevée qu'on exigeait (cinq louis par personne) et à cause aussi du peu d'intérêt qu'il témoignait pour la politique courante. Il voulait se renfermer « dans l'étude des questions d'ordre général et de métaphysique politique, n'être ni une secte ni un parti, mais une compagnie d'amis des hommes et, pour ainsi dire, d'agents du commerce des vérités sociales ».

Ce club devait perdre beaucoup de ses membres. Comme ils comptaient parmi les principaux protagonistes de la monarchie constitutionnelle, ils allaient bientôt passer pour suspects.

La « Société de 89 », dont Lavoisier était secrétaire au mois de janvier 1791, disparaissait dans le courant de cette même année 1791.

Au commencement de 1791, l'Assemblée nationale, où dominaient les opinions des « physiocrates », résolut de supprimer les contributions indirectes et de demander l'impôt tout entier à la terre. Lavoisier rédigea alors, pour le comité des impositions, l'abrégé d'un grand ouvrage qu'il méditait : *Sur la richesse territoriale de la France*.

Le mémoire, où pour la première fois se trouvaient mentionnées toutes les ressources du pays, était présenté à l'Assemblée nationale le 15 mars 1791 et celle-ci, sur la demande de Rœderer, en ordonnait l'impression.

Au moment où l'Assemblée nationale décernait à l'illustre savant des éloges bien mérités, il était l'objet de dénonciations calomnieuses dont Marat, jaloux comme nous le verrons des célébrités scientifiques, donna le signal.

La régie des poudres était aussi l'objet de critiques passionnées dans les journaux et dans les clubs. Les quatre régisseurs, Le Faucheux père et fils, Clouet et Lavoisier, durent publier un mémoire pour prendre la défense de leur administration et montrer qu'elle avait rendu tous les services attendus par Turgot lorsqu'il transformait la Ferme des poudres en régie.

Enfin Lavoisier devait être atteint par les attaques dirigées contre la Ferme générale.

Au mois d'avril 1791, la direction du Trésor royal était confiée à la nation. Le ministre des Finances Delessart nommait cinq commissaires de la Trésorerie nationale. Le grand chimiste était du nombre, mais il ne voulut accepter aucun traitement pour ces nouvelles fonctions.

Peut-être pour désarmer les haines, peut-être pour conserver ses fonctions de régisseur des poudres, auxquelles il tenait, il faisait insérer dans le *Moniteur* du 7 avril 1791, cette lettre adressée au ministre :

« Je demande qu'il me soit permis de remplir gratuitement les nouvelles fonctions qui me sont confiées.

« Les émoluments dont je jouis comme régisseur des poudres, précisément parce qu'ils sont modiques, conviennent à ma manière de vivre, à mes goûts, à mes besoins, et dans un moment où tant de citoyens honnêtes perdent leur état, je ne pourrois, pour rien au monde, consentir à profiter d'un double traitement. »

Lavoisier devait cependant bientôt perdre sa place de régisseur des poudres. L'Assemblée nationale réorganisait le service des poudres et salpêtres : elle réduisait à trois les régisseurs. Dans ce nombre n'était pas compris le savant, qu'on savait occupé à la Trésorerie. Mais on l'autorisait à conserver à l'Arsenal son logement et son laboratoire, où il poursuivait encore des travaux sur la respiration et sur la transpiration.

A partir de 1792, Lavoisier s'inquiète vivement. Il n'a maintenant qu'un seul désir : abandonner toute fonction publique, et servir la nation dans des commissions non rétribuées.

Au mois de février, il donne sa démission de commissaire à la Trésorerie, au grand regret de ses confrères qui appréciaient sa prodigieuse activité.

Peu après, il décline le ministère des Contributions publiques auquel l'appelle Louis XVI qui estimait à leur juste valeur sa science financière, son désintéressement et aussi son dévouement au régime constitutionnel.

Lavoisier fit part au roi de son refus dans la lettre suivante, datée du 15 juin 1792.

« Sire,

« Ce n'est ni par une crainte pusillanime, bien éloignée de mon caractère, ni par indifférence pour la chose publique, ni, je l'avouerai même, par le sentiment de l'insuffisance de mes forces, que je suis contraint de me refuser à la marque de confiance dont Votre Majesté veut bien m'honorer en me faisant offrir le ministère des contributions publiques. Témoin, pendant que j'ai été attaché à la Trésorerie nationale, des sentiments patriotiques de Votre Majesté, de ses tendres sollicitudes pour le bonheur du peuple, de son inflexible sévérité de principes, de son inaltérable probité, je sens plus vivement que je ne puis l'exprimer ce à quoi je renonce, en perdant l'occasion de devenir l'organe de ses sentiments auprès de la nation.

« Mais, Sire, il est du devoir d'un honnête homme et d'un citoyen de n'accepter une place importante qu'autant qu'il a l'espérance d'en remplir les obligations dans toute leur étendue.

« Je ne suis ni jacobin, ni feuillant. Je ne suis d'aucune société, d'aucun club. Accoutumé à tout peser au poids de ma conscience et de ma raison, jamais je n'aurais pu consentir à aliéner mes opinions à aucun parti. J'ai juré, dans la sincérité de mon cœur, fidélité à la Constitution que vous avez acceptée, aux pouvoirs constitués par le peuple, à Vous, Sire, qui êtes le roi constitutionnel des Français, à Vous dont les malheurs et les vertus ne sont pas assez sentis. Convaincu, comme je le suis, que le Corps législatif est sorti des limites que la Constitution lui avait tracées, que pourrait un ministre constitutionnaire? Incapable de composer avec

ses principes et sa conscience, il réclamerait en vain
l'autorité de la loi à laquelle tous les Français se sont
liés par le serment le plus imposant. La résistance
qu'il pourrait conseiller, par les moyens que la Constitution donne à Votre Majesté, serait présentée comme
un crime; il périrait victime de ses devoirs et l'inflexibi-
lité même de son caractère deviendrait la source de
nouveaux malheurs.

« Sire, permettez que je continue de consacrer mes
veilles et mon existence au service de l'État dans des
postes moins élevés, mais où je pourrai rendre des services peut-être plus utiles, et probablement plus
durables. Dévoué à l'instruction publique, je chercherai
à éclairer le peuple sur ses devoirs. Soldat et citoyen, je
porterai les armes pour la défense de la patrie, pour
celle de la loi, pour la sûreté du représentant inamo-
vible du peuple français.

« Je suis, avec un profond respect, de Votre Majesté,
Sire, le très humble et très obéissant serviteur. »

Le 15 août, Lavoisier quittait son cher appartement
de l'Arsenal pour aller habiter au n° 243 du boulevard de la Madeleine, dans une maison appartenant au
banquier Lecoulteux de la Noraye.

Peu après, il se rendait à Fréchines où il demeura
jusqu'au mois de novembre. Ce devait être son dernier
séjour.

VIII

TRAVAUX OFFICIELS

I. — *La Commission des poids et mesures.*

L'idée d'un système uniforme de poids et mesures
était émise dès 1560 aux États généraux d'Orléans
et devait être reprise par Camus, La Condamine, Turgot,
L. Dupuy. Ce dernier proposait comme pouvant fournir
des points fixes : la mesure d'un degré du grand cercle
de la Terre et la pesée d'un volume déterminé d'eau
distillée. C'est à cette idée que se rangea l'Académie
des Sciences, lorsque l'Assemblée nationale lui demanda
d'établir un système uniforme de poids et mesures
(décret du 8 mai 1790), fondé sur des bases invariables
« afin de remédier aux inconvénients que présente la
diversité scandaleuse des mesures qui varient avec
chaque province, souvent avec chaque paroisse du
royaume. »

La réforme, réclamée par un certain nombre de
cahiers « de doléances », avait été proposée à l'Assemblée nationale par Talleyrand, alors évêque d'Autun.
L'Académie nomma une commission centrale composée
de Borda, Lagrange, Laplace, Monge et Condorcet, qui

prit la direction générale des opérations. Cette commission choisit pour base du nouveau système un étalon de longueur fourni par la dix-millionième partie du quart du méridien terrestre (19 mars 1791).

Les travaux de mesure, retardés par la construction de certains appareils indispensables, commencèrent en 1792.

Delambre et Méchain, avec l'aide de Monge et Meusnier, eurent pour mission de mesurer à nouveau la méridienne de France prolongée jusqu'à Barcelone. Borda et Coulomb devaient calculer la longueur du pendule au 45ᵉ parallèle; Lavoisier et Haüy étaient chargés de déterminer le poids d'un volume donné d'eau distillée, pris au terme de la glace et dans le vide ; à Tillet, Brisson et Vandermonde fut dévolue la tâche de comparer à la toise et à la livre de Paris, toutes les mesures de longueur, de superficie, de capacité, tous les poids jusqu'alors usités dans le royaume. Enfin Lavoisier devait par la suite, avec la collaboration de Borda, étudier la dilatation comparée du cuivre et du platine pour la construction du mètre étalon.

L'Assemblée nationale avait voté une somme de 300 000 livres pour les frais des opérations. Lavoisier fut nommé trésorier. Il eut aussi à remplir les fonctions de secrétaire. C'est lui qui rédigea toutes les notes que la commission adressa à l'Assemblée et plus tard à la Convention.

La réforme des monnaies se liait tout naturellement à celle du système des poids et mesures, et l'Académie fut pareillement consultée par l'Assemblée nationale.

La commission chargée d'étudier la question comprenait Lavoisier, Lagrange, Borda, Condorcet, Tillet.

Condorcet demanda avant tout de fixer invariablement le titre des métaux monnayés, de façon à prévenir l'altération des espèces et leurs changements de poids. Il proposa en outre d'élever le titre jusqu'alors adopté et d'introduire dans le système monétaire cette même division décimale qui servait de base au système métrique.

Lavoisier transmit au député Pierre Loysel, président de la Commission des assignats et monnaies, un long mémoire sur les mesures des Anciens, avec un projet de décret à soumettre à l'Assemblée nationale décidant que la livre de compte serait ramenée au système décimal et qu'au lieu d'être divisée en vingt sols et le sol en douze deniers, elle comprendrait désormais dix décimes et chaque décime dix centimes.

II. — *Le Bureau de consultation des Arts et Métiers.*

L'Assemblée nationale désirant développer toutes les branches d'instruction et favoriser le progrès des sciences et des arts, avait rendu le 9 septembre 1791 un décret dont le premier article était ainsi conçu :

« Sur le fonds de deux millions destinés par le décret du 3 août 1790 à être annuellement employés en dons, gratifications et encouragements, il sera distribué une somme de trois cent mille livres, selon le mode ci-après déterminé, en gratifications et secours aux artistes qui, par leurs découvertes, leurs travaux et leurs recherches dans les arts utiles, auront mérité d'avoir part aux récompenses nationales... »

Pour l'exécution de cette loi, une commission était créée qui, sous le nom de *Bureau de consultation des Arts et Métiers*, avait charge de distribuer les récompenses.

Ce « bureau » se composait de quinze membres de l'Académie des Sciences, et de pareil nombre d'hommes instruits dans les différents genres d'industrie et choisis dans les diverses sociétés savantes par le ministre de l'Intérieur. En faisaient partie notamment Lavoisier, Borda, Vandermonde, Coulomb, Berthollet, Meusnier, Rochon, Lagrange, Laplace, Parmentier.

Lavoisier eut à faire divers rapports. Dans les uns, il rappelait les services de plusieurs inventeurs dignes d'une récompense publique : Desmarets qui avait introduit en France la fabrication des papiers de Hollande ; Dupain-Triel, l'ingénieur géographe qui avait dressé les cartes de l'Atlas minéralogique de la France. Dans d'autres, il étudiait la fabrication des assignats donnant des moyens pour en rendre la contrefaçon difficile.

Mais le travail le plus important qu'exécuta le grand chimiste pour le Bureau de consultation, fut la rédaction d'un mémoire sur l'organisation de l'instruction publique en France.

Le brochure de 22 pages qui avait pour titre : *Réflexions sur l'instruction publique présentées à la Convention nationale par le Bureau de consultation des*

Arts et Métiers, était entièrement due à Lavoisier, quoi-
que publiée anonymement.

Dans ces quelques feuillets, l'illustre savant trace le
programme de l'enseignement primaire, destiné à tous
les enfants sans distinction de condition sociale, et
déclare que ce premier degré d'instruction doit être
gratuit : « C'est un devoir que la société acquitte envers
l'enfant. » Quant à l'enseignement secondaire, il doit
être donné à deux catégories d'élèves : « Les uns se
destinent aux fonctions publiques et s'adonnent à
l'étude des langues et des objets de littérature, les
autres se destinent aux arts mécaniques. » D'où deux
sortes d'établissements : pour les premiers, les col-
lèges ; pour les seconds, il faut créer des écoles nouvelles « dont il n'existe aucun exemple parce qu'il n'a
encore existé aucune nation chez laquelle on se soit
véritablement occupé des intérêts de la classe la plus
industrieuse du peuple ».

Le mémoire se termine sur cette déclaration :

« Il ne faut pas croire qu'il soit possible d'encourager
exclusivement quelques parties des arts et d'abandonner
toutes les autres ; les arts, les sciences, les lettres même,
se tiennent par des liens invisibles qu'on ne peut pas
rompre impunément ; comme c'est principalement des
sciences que les arts empruntent leurs lumières, le
même peuple ne peut être grand dans les arts, s'il n'est
en même temps grand dans les sciences... Il ne suffit
pas d'organiser l'éducation de l'enfance et de la jeunesse ; il faut organiser l'éducation de l'humanité, et
c'est aux sciences qu'est exclusivement réservé cet
inappréciable avantage. »

Lavoisier ne se contentait pas d'exposer des principes. En s'inspirant des vues exposées par Condorcet dans un rapport à l'Assemblée nationale, il présentait à la Convention, au nom du Bureau de consultation, un projet de décret établissant dans ses moindres détails ce plan d'organisation complète de l'enseignement à tous les degrés, depuis l'humble école primaire du village, jusqu'aux Facultés et aux Sociétés savantes à qui devait incomber le soin de la haute culture intellectuelle.

Nommé président du Bureau de consultation le 20 octobre 1793, le grand chimiste assista aux séances jusqu'au 28 novembre (8 frimaire an II), jour de son arrestation.

IX

LES DERNIERS JOURS D'UNE ACADÉMIE

Les Académies ne pouvaient vivre longtemps. Pour le peuple, les hommes de haut savoir constituaient une aristocratie : et celle-ci comme toutes les autres devait être détruite.

Au commencement de la Révolution, on lisait dans les feuilles :

« Un académicien mange dans un fauteuil de velours et, à lui seul, la nourriture de quarante ménages de campagne. Plus d'académiciens rentés tant qu'il y aura des travailleurs à salarier, des pauvres à nourrir, des créanciers à satisfaire...

Les Académies ont toujours été les lanternes sourdes des tyrans... (*Mercure de France*, octobre 1790).

L'Assemblée nationale a décrété la suppression des chanoines. Les académiciens sont les chanoines des sciences, de la littérature et des arts... (*L'Ami du peuple*, mars 1791).

Marat était particulièrement acharné contre l'Académie des Sciences à laquelle il ne pardonnait pas de l'avoir méconnu. Marat avait en effet cherché, au début de sa carrière de médecin, à se faire un nom dans les

77

sciences. Il avait publié un certain nombre de mémoires sur le feu, l'électricité, l'optique, la lumière,
l'aérostation. Mais de ces recherches où l'homme vi-
sait à l'encyclopédie, où le prétendu savant voyait
des découvertes admirables, l'Académie des Sciences
n'avait rien retenu.

Blessé dans son orgueil, Marat croyait à une hostilité
des savants.

Dès 1789 il s'en prenait au « despotisme des Académies toujours occupées à persécuter les talents distingués qui les offusquent, à éterniser les erreurs, à
empêcher les vérités nouvelles de percer. »

Puis, en septembre 1791, Marat faisait paraître son
pamphlet : *Les Charlatans modernes ou Lettres sur le
charlatanisme académique.* Lavoisier y figurait en bonne
place :

« Comme il n'a point d'idées en propre, il s'arrange
de celle des autres ; mais ne sachant presque jamais
les apprécier, il les abandonne avec autant de légèreté
qu'il les a prises et il change de systèmes comme de
souliers. Dans l'espace de six mois, je l'ai vu s'accrocher
tour à tour aux nouvelles doctrines du feu principe,
du fluide igné, de la chaleur latente. Dans un espace
plus court encore, je l'ai vu s'engouer du phlogistique
pur et le proscrire impitoyablement. Il y a quelque
temps que, d'après Cavendish, il trouva le précieux
secret de faire de l'eau avec de l'eau. Ensuite, ayant
rêvé que ce liquide n'est que de l'air pur et de l'air
inflammable, il le métamorphosa en roi des combustibles. Si tu me demandes ce qu'il a fait pour être tant
prôné, je te répondrai qu'il s'est procuré 100 000 livres
de rentes, qu'il a donné le projet de faire de Paris une

vaste prison, et qu'il a changé le terme d'acide en celui
d'oxygène, le terme de phlogistique en celui d'azote, le
terme marin en celui de muriatique, le terme nitreux
en ceux de nitrite et nitrate. Voilà ses titres à l'immor-
talité. Fier de ses hauts faits, il s'endort maintenant
sur ses lauriers, tandis que ses parasites l'élèvent
jusques aux nues et que son petit disciple Fourcroy fait
les quatre coins de Paris pour propager ces belles découvertes... »

Mais c'était un académicien qui devait porter les
coups les plus funestes aux Académies : « Un homme
plus spirituel, » disent les Goncourt, « qu'une comédie
de Beaumarchais, un homme d'une verve unique, l'im-
mortel grand homme de l'épigramme : Nicolas Chamfort. » En 1791, il publiait une petite brochure intitulée :
Des Académies. Chamfort attaquait surtout l'Académie
française et l'Académie des Inscriptions, proclamant
que « l'extinction de ces deux corps n'est que la
conséquence nécessaire du décret qui a détaché les
esclaves enchaînés dans Paris à la statue de Louis XIV. »
D'où ce conseil à l'Assemblée nationale : « Épargnez
à l'Académie une mort naturelle. »

Indirectement, l'Académie des Sciences était atteinte
par ce pamphlet. L'illustre Compagnie trouva en Lavoisier un défenseur résolu. Pour la sauver, et avec elle
les sciences dont au fond elle était la gardienne, le
grand chimiste déploya toutes les ressources de sa prodigieuse activité. Il lutta presque seul jusqu'au bout...
Fatalement, il devait succomber dans un combat
devenu par trop inégal... Son intervention à un moment
où il eût été sage de se faire oublier, son constant souci

de la science et de l'honneur national dans une minute tragique de l'Histoire, tout cela a quelque chose de sublime et mérite que l'on s'attarde un peu.

En 1792, l'Académie des Sciences continuait à tenir régulièrement ses séances sous la présidence de Jeaurat, directeur. Les membres honoraires, presque tous nobles, avaient cessé d'y paraître, soit qu'ils eussent émigré ou qu'ils fussent éloignés de Paris. Mais on y voyait encore avec Lavoisier, très assidu, Haüy, Cousin, Coulomb, Baumé, Cassini, Lalande, Lamarck, Borda, Lagrange, A.-L. de Jussieu, Berthollet, Fourcroy, Adanson, Vicq d'Azir. Consultée par les ministres sur toutes les questions à l'ordre du jour : instruction publique, finances, marine, guerre, agriculture, l'Académie apportait à l'État le secours de ses lumières avec un dévouement et un zèle que les circonstances avaient accrus.

Malheureusement de graves dissentiments se produisaient dans son sein.

Le 25 août 1792, Fourcroy demandait la radiation des membres de la Compagnie, connus pour leur « incivisme ».

Cette motion jetait l'inquiétude et le doute... Chacun se sentait menacé. Le géomètre Cousin trouva une formule qui permettait aux académiciens de sortir de cette situation difficile : il proposa de soumettre la question au ministre qui procéderait aux radiations s'il y avait lieu tandis que « l'Académie se livrerait comme de coutume à des besognes plus intellectuelles. »

Le 29 août, cette idée réunissait la majorité des suffrages...

Les temps devenaient sombres... Les discours, les pamphlets produisaient leurs effets.

L'Académie chercha un appui dans la Convention. Le 25 novembre 1792, elle se présenta en corps et Borda lut un rapport où il exposait l'état des travaux relatifs à l'établissement du nouveau système des poids et mesures.

Grégoire, qui présidait, répondit en faisant l'éloge de l'Académie.

Cependant, trois jours après cette réception flatteuse, un décret de la Convention interdisait de procéder à des nominations aux places vacantes dans la Compagnie.

Malgré la suspicion dont ils étaient l'objet, les savants n'en continuaient pas moins d'apporter à la nation le concours de leurs lumières.

Lavoisier, trésorier depuis décembre 1791, s'efforçait de consolider un édifice déjà presque en ruines. Il demeurait le gardien des intérêts supérieurs de la science. Il songeait à tout, n'oubliait personne : Vicq d'Azir recevait 8 400 livres pour la continuation de son traité d'anatomie, Jeaurat 300 livres pour les calculs des nouvelles tables de la Lune, Berthollet 100 louis pour poursuivre ses travaux de chimie appliquée aux arts. Fourcroy et Sage obtenaient également des subventions pour continuer leurs expériences.

Le grand chimiste avait trouvé un homme capable de le comprendre :

Lakanal partageait les entraînements révolutionnaires de la Convention, mais il n'affichait pas la même insouciance que certains de ses collègues de la Montagne, pour tout ce qui touchait aux besoins de l'intelligence.

Il était et devait rester jusqu'au bout le grand défenseur de la science à la Convention et au Comité d'Instruction publique.

Le 17 mai 1793, il obtenait de la Convention un décret permettant à l'Académie des Sciences de nommer aux places vacantes.

L'Académie était rassurée. Le 1er août, la Convention lui demandait un avis sur la détermination du titre des monnaies d'or et d'argent. Sécurité trompeuse car quelques jours après, le 8 août 1793, à la suite d'un rapport de Grégoire présenté au Comité d'Instruction publique, la Convention supprimait toutes les Académies.

Lavoisier ne désespéra pas. Il engagea un suprême combat pour l'abrogation de ce décret du 8 août.

Le 10 août il adressait à Lakanal, pour être lue au Comité d'Instruction publique, la lettre suivante :

« Citoyens représentants,

« Les membres de l'Académie des Sciences se sont réunis hier vendredi comme à l'ordinaire, au Louvre, dans la salle où ils ont coutume de s'assembler. La séance a été ouverte par la lecture du procès-verbal de l'assemblée précédente, après quoi plusieurs des membres de l'Académie se sont empressés de mettre sur le bureau les mémoires qu'ils ont rédigés sur plusieurs parties importantes des sciences et qui sont destinés à former le recueil qu'elle doit publier pour 1793. Chacun tenait à honneur de contribuer pour sa part à ce dernier effort de l'Académie expirante et de retenir une place dans le dernier volume, qui est le 145ᵉ que l'Académie a publié depuis 1666, époque de son établissement...

« ...Le président a annoncé que d'après le décret qui avait été rendu la veille par la Convention, il ne croyait pas que l'Académie pût prolonger davantage ses séances. Quelques membres ont représenté que le décret qui supprimait l'Académie ne lui étant point officiellement connu, rien ne s'opposait à ce qu'elle continuât de s'assembler. Cependant, pour donner une nouvelle preuve de sa soumission aux Loix, l'assemblée a été rompue et le président a quitté sa place.

« Alors les membres de la ci-devant Académie des Sciences se sont formés naturellement en un club, en une société libre, dont les premiers regards se sont portés sur les grands objets dont l'Académie des Sciences avait été chargée par la Convention... Les membres présents ont proposé de se réunir fraternellement et individuellement en club libre et populaire pour s'occuper de ce qui concerne les sciences et pour attendre que la Convention lui communique ses intentions définitives sur les opérations dont l'Académie a été chargée. Cette première assemblée a été indiquée en conséquence à mercredi prochain.

« Nous espérons, citoyens représentants, que la Convention ne verra dans ces dispositions qu'un nouveau témoignage du zèle dont l'Académie a donné tant de preuves, et qu'elle trouvera bon que provisoirement ces réunions fraternelles se tiennent dans le lieu ordinaire des séances de l'Académie...

« Le trésorier
de la ci-devant Académie des Sciences,

« Lavoisier. »

Lavoisier joignait à cette lettre un long mémoire pour montrer aux membres du Comité toutes les conséquences du décret du 8 août : le travail de Vicq d'Azir sur l'anatomie serait arrêté ; que deviendraient la publication du voyage du botaniste Desfontaines, l'impression du manuscrit du Père Plumier et des cartes minéralogiques, et la commission des poids et mesures. Et ces savants dont on supprimait les pensions, comment vivraient-ils? « Plusieurs sont octogénaires, infirmes ; plusieurs ont épuisé leurs forces et leur santé par des voyages et des travaux entrepris gratuitement pour le gouvernement... La loyauté française ne permet pas à la nation de tromper leur espérance et ils ont au moins un droit rigoureux aux retraites décrétées en faveur de tous les fonctionnaires publics...

« De grâce, disait le grand chimiste, pour l'honneur national, pour l'intérêt de la société, pour l'opinion des nations étrangères qui vous contemplent, obtenés un provisoire qui prévienne la chutte des arts qui seroit la suitte nécessaire de l'anéantissement des sciences... »

Lakanal se mit aussitôt à l'œuvre. S'adressant directement à la Convention, il essaya de la faire revenir sur sa décision.

Le 14 août, il obtenait le décret suivant :

« Du 14 août 1793.

« La Convention nationale décrète que les membres de la ci-devant Académie des Sciences continueront de s'assembler dans le lieu ordinaire de leurs séances pour s'occuper spécialement des objets qui leur ont été et qui pourront leur être renvoyés par la Convention nationale... Les attributions annuelles faites aux savants qui la composaient leur seront payées comme par le passé et ce, jusqu'à ce qu'il en ait été autrement ordonné. »

Lavoisier croyait avoir sauvé l'Académie et il convoqua immédiatement ses confrères. Le samedi 17 août, les académiciens arrivaient au Louvre, heureux de reprendre leurs séances habituelles.

Mais le matin même les scellés avaient été apposés sur les portes des salles de l'Académie. On ignorait le décret du 14 août.

Lavoisier fit de nouveau appel à Lakanal, mais d'autres projets préoccupaient le Comité d'Instruction publique dont la majorité était d'ailleurs devenue hostile à l'Académie.

Lavoisier, comprenant qu'un nouvel effort serait vain, se résigna. C'est ainsi que disparut cette grande Compagnie vieille de presque un siècle et demi (1).

(1) Deux ans après, la Convention, délivrée de la faction qui la dominait et la décimait, et comme honteuse du tort qu'elle avait fait à l'intelligence, réparait solennellement sa faute par une belle création.

La loi du 3 brumaire an IV (25 octobre 1795) créait un corps nouveau, l'Institut « qui devait suivre tous les travaux scientifiques et littéraires ayant pour objet l'utilité générale et la gloire de la République ». C'était surtout à Lakanal que l'on devait cette œuvre réparatrice.

X

Il était dans l'ordre des choses que la Compagnie des Fermiers généraux subit le sort des autres institutions monarchiques et disparût avec elles. Il existait d'ailleurs contre l'opulente société une intense et antique rancune : elle était particulièrement abhorrée par le peuple. Ce furent ses petits employés ou commis qui hâtèrent sa perte. L'un d'eux, dans un mémoire adressé à l'Assemblée nationale, déclarait que « les pensions et gratifications n'étaient accordées qu'à l'intrigue et à la protection et que les bons serviteurs languissaient par contre dans la misère, que particulièrement la caisse des retraites destinée à assurer des secours aux employés vétérans, avait été le théâtre des vols les plus éhontés ; que Messieurs de la Ferme y pillaient et dilapidaient comme dans un bois. »

Des pamphlets, des dénonciations encombraient les bureaux de l'Assemblée ou les colonnes des journaux. Un factum plein de fiel intitulé : *Don patriotique des fermiers généraux*, signalait plus particulièrement les fermiers à la vindicte publique. Le pamphlétaire s'attaquait à Saint-Amand, « mousquetaire dans sa jeunesse, qui avait quitté Mars pour Plutus, un peu de gloire de moins et dix millions de plus ne paraissant à personne au monde un mauvais marché », à La Borde « le bâtisseur de palais aussi magnifiques que ceux du souverain », à Delahante « qui promenait ses maîtresses dans des chars aussi superbes que ceux d'un triomphateur », à Lavoisier « assez osé pour posséder une loge à tous les spectacles », à Puissant « l'un des tyrans de la Compagnie chez qui l'on jouait la comédie », à Le Bas de Courmont « dont la table surpassait en délicatesse et en abondance celle des Apicius et des Vitellius ».

L'Assemblée nationale, cédant au vœu de la nation, abolissait d'abord les gabelles, puis, le 20 mars 1791, résiliait le bail consenti à Jean-Baptiste Mager, prête-nom des fermiers généraux.

Le Père Duchesne exprimait sa satisfaction et désignait les financiers aux vengeances de la foule : « Que j'aimerais à me trouver à l'hôtel des Fermes, à contempler autour du tapis vert toutes ces grosses trognes de financiers, quand ils vont apprendre le décret de l'Assemblée... J'invite tous les citoyens à se réunir dans leurs sections pour les forcer à rendre compte de leur conduite passée et leur faire rendre gorge de tout ce qu'ils ont acquis par des vols et des brigandages. »

Une commission fut nommée pour la reddition des comptes et la liquidation de la Ferme. Elle était composée de six anciens fermiers titulaires : Saint-Amand, Delaage, Delahante, Puissant, Couturier et Brac de la Perrière.

Lavoisier dès lors n'avait plus rien de commun avec l'administration financière à laquelle il avait appartenu pendant vingt-deux ans.

La Ferme supprimée et la commission des six liquidateurs nommée, le calme se rétablit en apparence. Les liquidateurs, gens de mérite, intelligents, probes, n'avaient qu'une pensée : s'acquitter au plus vite de leur besogne.

Clavières, dans un rapport du 31 décembre 1792, rendait hommage à leur zèle et à leur loyauté. Mais il existait au sein de la Convention un parti nombreux, passionné, entièrement convaincu qu'il était d'une stricte justice de faire rendre gorge aux gens de finance... Carra, le 26 février 1793, proposait de décréter la nomination d'une commission chargée de connaître des crimes, délits et abus commis dans les finances de l'État, de revoir tous les traités faits avec l'ancien gouvernement, de juger la légitimité des bénéfices et d'ordonner la restitution dans le cas contraire. Tous ceux qui auraient fait des déclarations infidèles seraient punis de mort, et leurs biens confisqués. Carra demandait même que les recherches de la commission s'étendissent à toutes les opérations faites depuis 1740.

Le 5 juin 1793, on apposait les scellés sur les papiers des liquidateurs.

Bientôt les perquisitions commençaient en maints bureaux des fermiers généraux, receveurs généraux, banquiers et autres détenteurs de fonds publics.

C'est alors que Lavoisier fit les premiers pas dans la

voie douloureuse. Le mardi 10 septembre, deux délégués du Comité révolutionnaire de la section des Piques se présentaient à son domicile, boulevard de la Madeleine. Ils étaient chargés de faire une perquisition et d'apposer les scellés sur les papiers du grand chimiste. La perquisition dura deux jours ; Romme et Fourcroy étaient présents, le Comité d'Instruction publique leur ayant demandé de mettre hors des scellés les instruments des poids et mesures dont Lavoisier était dépositaire. Le grand savant protesta, faisant remarquer que depuis trois ans il avait quitté la Ferme générale et qu'il avait refusé le remboursement total de ses fonds. Néanmoins, il déclara se soumettre à toutes les recherches qu'on pouvait désirer.

Les commissaires après avoir scrupuleusement examiné tous les papiers en langue française, déclarèrent « n'avoir rien trouvé qui puisse donner aucun soupçon », mais ayant découvert un paquet de lettres écrites en anglais, ils décidèrent de les envoyer au Comité de Sûreté générale. Celui-ci devait s'en dessaisir et en confier l'examen au Comité d'Instruction publique. Des lettres avaient été écrites par Priestley, Black, Wegwood. Ce furent Fourcroy et Guyton de Morveau qui les examinèrent.

Le 24 septembre, la Convention rendait un décret qui ordonnait la levée des scellés apposés sur les papiers des fermiers généraux et administrateurs des domaines. Delamare, membre du Comité des finances, faisait en effet observer que la nation avait intérêt à la prompte reddition des comptes des financiers et que les décisions du 5 juin « contrariaient visiblement ce but ».

Le 28 septembre, le secrétaire-greffier de la section des Piques adressait à Lavoisier le billet suivant :

« Citoyen,

« Je m'empresse de vous faire parvenir le procès-verbal relatif à la levée des scellés qui avaient été apposés chez vous ; tout ce qu'il contient rend hommage à votre civisme et est susceptible de dissiper toute espèce de soupçon.

« BAILLIE. »

***

Les liquidateurs reprirent leurs travaux interrompus pendant quatre mois.

Mais un homme qui surveillait depuis longtemps Messieurs de la Ferme générale, jugea qu'il était temps d'intervenir...

Antoine Dupin qui, avant la Révolution, portait le nom de Beaumont et remplissait les fonctions de contrôleur général surnuméraire des Fermes, avait été envoyé à la Convention par le département de l'Aisne. Prenant place d'abord sur les bancs de la Montagne, dans le procès de Louis XVI il avait voté contre la peine de mort. En toute autre occasion il avait fraternisé avec les Barrère, les Couthon, les Lebas... Il était connu à Paris pour son luxe et son raffinement.

Dans son splendide hôtel, il célébrait, en compagnie
de courtisanes en vogue, le triomphe de la sainte guil-
lotine sur les aristocrates et les modérés. Possédé d'une
haine implacable contre ses anciens chefs, depuis longtemps on le considérait comme ayant formé contre
eux les projets les plus violents.

Dupin estimait les dispositions prises le 24 septembre
trop bienveillantes aux fermiers généraux. Aussi, le
26 septembre, il demandait à la Convention de compléter son décret de l'avant-veille. Il faisait voter des
articles additionnels par lesquels « cinq commissaires
réviseurs, qui prétendent être en état de procurer des
connaissances sur les abus commis et donner la preuve
des malversations effectuées, sont autorisés à examiner
tous les comptes des baux de David, Salzard et Mager
et soumettre leur travail au bureau de la comptabilité
sur les abus qu'ils dénonceront ou découvriront ». Il
était promis aux dénonciateurs, pour exciter leur zèle,
des indemnités proportionnelles aux sommes qu'ils
feraient rentrer dans les caisses de l'État.

Dupin n'eut pas de mal à choisir ses hommes. Les
dénonciateurs se présentèrent d'eux-mêmes. C'étaient
d'anciens employés des Fermes. Leur chef, Gaudot,
avait été receveur des droits d'entrée de Paris au port
Saint-Paul. Introduit dans l'administration par Mol-
lien, sur la recommandation de M. de Vergennes et du
contrôleur général d'Ormesson, il avait été convaincu
en 1789 d'avoir puisé dans sa caisse une somme de
plus de 200 000 livres et d'avoir falsifié les registres
pour dissimuler ses soustractions. Voleur et faussaire,

il fut condamné à la prison, parvint à s'échapper après la journée du 10 Août, et se posa alors comme un patriote jeté dans les cachots de la monarchie parce que, seul, il pouvait dévoiler les malversations des fermiers généraux. Derrière ce meneur marchaient des recrues qui ne valaient guère mieux : un certain Châteauneuf, sous-chef de bureau dans les Fermes ; un directeur de Paris pour les gabelles et le tabac, Vernon ; de simples employés, Jacquard et Mottet.

Dupin ne perdait pas son temps. Amassant les documents, accueillant avec empressement les délations, il préparait son réquisitoire quand, le 24 novembre (3 frimaire an II), un homme qui jouissait aussi d'une réputation sinistre, Bourdon de l'Oise, monta à la tribune de la Convention. Répondant à un membre du Comité des finances qui venait de présenter à l'Assemblée un projet de décret relatif à la liquidation de la Ferme, Bourdon s'écriait : « Voilà la centième fois que l'on parle des fermiers généraux. Je demande que ces sangsues publiques soient arrêtées, et que si leur compte n'est pas rendu dans un mois, la Convention les livre au glaive de la loi. »

Dupin n'eut pas besoin de parler et la Convention décréta que « tous les anciens receveurs des finances, les fermiers généraux qui avaient signé les baux de David, de Salzard et de Mager, seraient mis en état d'arrestation dans la même maison, que leurs papiers y seraient transportés, et que leurs comptes seraient rendus dans un mois, faute de quoi la Convention prononcerait contre eux ce que au cas appartiendrait ».

Lavoisier était du nombre. Ni les services éminents rendus à la nation, ni la gloire qu'il avait acquise dans les sciences ne devaient le protéger. Le grand savant était d'ailleurs l'objet d'accusations nouvelles, tant comme noble que comme fermier général, régisseur des poudres et membre de l'Académie des Sciences. Fourcroy le désignait comme contre-révolutionnaire.

Le 4 frimaire an II, le jour même où la Convention rendait son décret, le département de police lançait des mandats d'amener. L'ordre d'arrestation de Lavoisier était ainsi libellé :

DÉPARTEMENT DE POLICE   COMMUNE DE PARIS

« Le 4 frimaire de l'an second de la République française une et indivisible.

« En exécution du décret de la Convention nationale, en datte de ce jour, mandons et ordonnons au commissaire Le Roi, inspecteur, de conduire à la maison d'arrêt, ditte cy-devant de Port-Royal, le citoyen Lavoisier, demeurant à l'Arsenal (1), ci-devant fermier général, lequel emportera avec lui ou fera porter tous les papiers qui peuvent lui être nécessaires pour la reddition des comptes qu'il doit à la nation, dans un mémoire à compter de ce jour, en sa susdite qualité, conformément aux décrets.

« *Les administrateurs de police,*
« MENNESSIER, HEUSSÉE. »

(1) L'administration ignorait la véritable demeure de Lavoisier. Elle l'envoyait chercher à l'Arsenal qu'il n'habitait plus depuis quinze mois.

Lavoisier, incorporé dans la milice parisienne, montait tranquillement sa garde, lorsqu'il entendit les crieurs publics annoncer le décret d'arrestation des fermiers généraux.

Il courut alors chez divers amis qui lui conseillèrent de ne pas rentrer à son domicile.

Il errait, depuis quelque temps, à l'aventure dans Paris, lorsqu'il rencontra un ancien huissier de l'Académie des Sciences, nommé Lucas, qui lui offrit courageusement un refuge au Louvre où il habitait encore.

Lavoisier se cacha dans la salle même où l'Académie des Sciences tenait autrefois ses séances. Il y demeura plusieurs jours, espérant que l'urgence de ses services à la Commission des poids et mesures pourrait le préserver du sort des fermiers généraux.

Mais bientôt il renonça à la lutte. Apprenant que Paulze, son beau-père, était arrêté, il se constitua lui-même prisonnier.

*
* *

L'ancien couvent de Port-Royal, rue de la Bourbe, avait été transformé à la fin de 1793 en maison d'arrêt destinée à recevoir les suspects. On lui donna d'abord le nom de maison de la Bourbe, puis peu après celui de Port-Libre.

Cette maison, qui est aujourd'hui l'hôpital de la Maternité, ne ressemblait guère à une prison. Point de grilles, point de verrous, les portes des cellules fermées par un simple loquet et seulement quelques faction-

naires. Les hommes habitaient ce qu'on appelait
« le grand bâtiment », composé de deux étages ayant
chacun un corridor et trente-deux cellules qui donnaient ou sur l'Observatoire et la rue d'Enfer ou sur la
cour du cloître. Les « riches » occupaient les cellules du
premier étage (cellules à deux lits) (1), les détenus
pauvres, les « sans-culottes », logeaient au deuxième
étage. Il y avait au fond du corridor du premier un
grand foyer qu'on appelait le salon, dans lequel on
dressait des tables pour le repas des « riches » (2). C'est
dans ce même salon que l'on se réunissait le soir après
le dîner. Chacun apportait sa lumière, hommes et
femmes. Les femmes brodaient ou tricotaient, les
hommes lisaient ou écrivaient... A jours fixes, on faisait
de la musique et on chantait. Un détenu, le citoyen
Coittant composait des couplets qui nous renseignent
sur ces veillées.

(1) Lavoisier occupait à la prison de Port-Libre une chambre
dans le corridor du premier étage. Il partageait cette chambre
(n° 33), plus grande que les autres, avec son beau-père Paulze
et son collègue Nicolas Deville. C'est dans cette pièce que se
réunissaient les fermiers généraux pour discuter leurs affaires.
(2) « Il y avait trois classes bien distinctes : celle de ceux qui
payaient pour les indigents, celle de ceux qui se nourrissaient
eux-mêmes et celle des payés. Pour subvenir aux dépenses de
la maison, on avait établi une administration intérieure qui
était parfaitement organisée. Un trésorier faisait la collecte et
ordonnançait toutes les dépenses : bois, eau, lumières, poêles,
tablettes dans les cellules, chaises et autres menus meubles.
Tout s'achetait et se faisait aux dépens des riches... Cela dura
jusqu'en prairial, époque où la Commune prit à son compte
l'administration intérieure des prisons. » (*Les Prisons de Paris
sous la Révolution*, d'après les relations des contemporains.)

LE SALON DE PORT LIBRE

Air du Vaudeville des Visitandines,

Dans ce salon, point de parure
Ni d'ornement que la beauté
Sortant des mains de la nature
Riche de sa simplicité (*bis*).
On n'y rencontre aucune glace,
On ne s'y mire qu'en ses yeux
Et chacun de nous est heureux
De pouvoir y prendre une place.

D'un côté vous voyez le sage
De la lecture s'occuper ;
De l'autre, le jeune et bel âge
Rire, causer et travailler (*bis*).
C'est près de vous, belle jeunesse,
C'est au milieu de votre cour
Que se tient l'assise d'amour
Et l'école de la tendresse.
. . . .
Si notre âme est émerveillée
Par un aussi riant tableau
Que nous retrace la veillée
D'un ancien ci-devant château (*bis*).
Mères sages autant qu'affables,
Cela ne peut vous alarmer :
On donne l'exemple d'aimer
Quand on est comme vous aimables.

Comme l'a dit un historien : Si les salons du faubourg Saint-Germain étaient fermés, le salon de Port-Libre était « ouvert ».

*
* *

Les fermiers généraux s'étaient laissé saisir avec
une sorte d'insouciance qui stupéfie. Quatorze fermiers,
cependant, ne furent jamais arrêtés, soit qu'on n'ait
pas pensé à les poursuivre, soit qu'ils aient réussi à se
soustraire aux recherches. Mais ceux qui étaient incar-
cérés à Port-Libre commencèrent à entrevoir leur sort.
Le décret du 4 frimaire les obligeait à rendre leurs
comptes... et ils étaient privés de leurs papiers et de
leurs registres de comptabilité. Pour sortir de cette
situation, ils se mirent d'accord pour rédiger une
adresse à la Convention, dans laquelle ils réclameraient
la restitution des documents séquestrés et ils deman-
daient aussi à être transférés à la maison des Fermes
où ils auraient la facilité de préparer leurs réponses aux
questions posées par les commissaires du gouvernement
chargés de l'examen de leur ancienne administration.

*
* *

Lavoisier ne gardait plus beaucoup d'espoir. A sa
femme qui avait obtenu la permission de lui rendre
visite, et qui multipliait les démarches, il écrivait le
29 frimaire (19 décembre 1793) : « Tu te donnes, ma
bonne amie, bien de la peine, bien de la fatigue de corps
et d'esprit... Prends garde que ta santé ne s'altère, ce
seroit le plus grand des malheurs. Ma carrière est
avancée. J'ay joui d'une existence heureuse... tu y as

contribué et tu y contribues tous les jours par les marques d'attachement que tu me donnes... enfin je laisserai toujours après moi des souvenirs d'estime et de considération. Ainsy ma tâche est remplie, mais toi qui as encore droit d'espérer une longue carrière, ne la prodigue pas. J'ay cru m'apercevoir hier que tu étais triste, pourquoi le serois-tu puisque je suis résigné à tout... »

Quelques interventions se produisaient cependant en faveur du grand chimiste.

La Commission des poids et mesures, le 28 frimaire an II, réclamait au Comité de Sûreté générale la mise en liberté d'un de ses membres les plus actifs.

La demande était signée du président Borda et du secrétaire Haüy qui, bien que prêtre insermenté, n'hésitait pas à se compromettre.

Le Comité de Sûreté générale qui comprenait Bayle, Lavicomterie, Élie Lacoste, Dubarran, Vadier, Vouland, Guffroy, rejeta cette demande, et quelques jours après, le 6 nivôse (26 décembre 1793), le Comité de Salut public, sur l'avis du Comité d'Instruction publique, décrétait que Borda, Lavoisier, Laplace, Coulomb, Brisson, Delambre cessaient d'être membres de la Commission des poids et mesures.

Le 1ᵉʳ nivôse (21 décembre), le Comité des assignats et monnaies adressait au Comité de Salut public une requête en faveur de Lavoisier ; cette intervention eut le même insuccès.

***

La lettre des fermiers généraux, rédigée par Delahante, avait été envoyée à la Convention, le 2 décembre...

Ne recevant aucune réponse, les financiers adressèrent une nouvelle pétition à l'Assemblée. Elle fut discutée dans la séance du 21 frimaire (11 décembre 1793). Thuriot soutint la demande des fermiers. Bourdon de l'Oise, Montaut et Cambon la combattirent. Suivant ce dernier, les premiers résultats des recherches des commissaires réviseurs révélaient pour plus de 300 millions de vols « que l'on ferait bien restituer aux voleurs ».

On accordait malgré tout aux fermiers généraux la faveur d'être internés dans les bâtiments de l'hôtel des Fermes.

On chargea Dupin d'aménager la « nouvelle » résidence des financiers. De lourdes portes de chêne, des cloisons d'épais madriers, des grilles de fer aux fenêtres, quelques lits, des matelas étendus par terre, transformèrent en prison l'ancien hôtel du chancelier Séguier.

Le 4 nivôse (24 décembre 1793), dans le milieu de l'après-midi, des fiacres venaient se ranger devant la porte de Port-Libre. Dans chacun prenaient place deux prévenus, accompagnés par deux gendarmes... La nuit tombait lorsque les voitures pénétrèrent dans la cour de l'hôtel de la rue Grenelle Saint-Honoré.

L'installation des financiers à la maison des Fermes était sans doute plus défectueuse qu'à Port-Libre, mais

on leur laissait toute liberté d'agir et de se concerter
entre eux ; les visites de leurs parents et de leurs amis
étaient permises ; eux-mêmes, dans des cas exception-
nels, étaient autorisés à sortir accompagnés d'un garde.

Tout heureux d'être en possession de leurs papiers,
les fermiers généraux se mettaient au travail avec ardeur.
La liquidation ne devait-elle pas amener leur liberté?

Après trente et un jours de labeur, le 27 janvier 1794,
ils remettaient leurs comptes au Comité des finances.

Cependant les commissaires avaient déposé aussi leur
rapport... Il accusait les fermiers généraux de vols et
de dilapidations. Ils étaient en outre redevables de
130 millions à l'État. (On était loin du chiffre de
300 millions dont avait parlé Cambon.)

Indemnités et gratifications abusives, versements tar-
difs dans les caisses de l'État des fonds provenant des
impôts, prélèvements d'intérêts de 10 et 6 pour 100
tandis qu'au dire des reviseurs le bail n'accordait que
4 pour 100 ; concussions sur le tabac râpé (mouillade
exagérée et l'eau introduite vendue au même prix que
le tabac), tels étaient les principaux crimes reprochés
aux financiers.

Ces accusations étaient-elles fondées? Nous nous abs-
tiendrons de nous prononcer et dirons simplement que,
pour les échafauder, on se servait de bien pauvres
arguments.

Malgré tout, les fermiers généraux ne désespéraient
pas d'obtenir leur liberté. Dans leur mémoire, ils avaient
répondu d'avance à tout. Mais ils ne voyaient pas qu'un
parti puissant exigeait leur condamnation.

*
* *

Lavoisier avait repris courage et préparait ses moyens
de défense.

Le 29 germinal, il demandait aux membres du Bureau
de consultation des Arts et Métiers un certificat pour
constater les services qu'il avait rendus à la science
et le rôle utile qu'il avait rempli au Bureau de consultation ainsi qu'à la Commission des assignats.

« Mes chers collègues, disait-il, le moment approche,
du moins je l'espère, où rendu à des occupations
dont il aurait été à souhaiter que je n'eusse jamais
été détourné, je pourrai reprendre la suite de vos
travaux.

« Désirant, à cette occasion, pouvoir rendre un compte
exact de ma conduite depuis le commencement de la
Révolution, permettez-moi de réclamer votre témoignage...

« ...Si la forme d'un certificat vous paraît insolite,
peut-être pourriez-vous prendre, pour remplir le même
objet, la forme d'un rapport qui serait fait au bureau
et qui serait terminé par un considérant et par un prononcé. Ce n'est pas la première fois que vous auriez
nommé des commissaires pour vous rendre compte des
travaux particuliers de quelques membres du bureau,
et des droits qu'ils pouvaient avoir acquis à la reconnaissance publique. Pourrai-je me flatter que vous
me rangerez dans cette classe? Je ne vous demande que
de certifier des faits, et je vous prie même d'éviter dans
leur exposition tout ce qui pourrait ressentir l'influence
des sentiments d'amitié et de confiance dont vous
m'avez souvent donné des preuves... »

Les membres du Bureau, présidé par Lagrange, dans l'espoir de sauver leur illustre collègue, s'empressèrent, dans leur séance du 4 floréal an II (22 avril 1794), de donner l'attestation demandée :

« Les commissaires nommés sur la demande du citoyen Lavoisier, pour rendre compte au bureau des travaux chimiques et physiques de ce citoyen, font un rapport sur cet objet et le bureau prononce en ces termes :

« Le bureau de consultation des arts et métiers, après avoir entendu le rapport de ses commissaires sur la demande et sur les travaux du citoyen Lavoisier : considérant le nombre et l'importance des découvertes de ce citoyen, la grande et utile révolution qu'elles ont contribué à opérer dans la chimie, les lumières qu'elles ont répandues sur la nature de beaucoup de substances mal connues jusqu'à nos jours, et sur les principaux phénomènes de la végétation et de l'économie animale ; les avantages qui en ont résulté pour presque tous les arts qui ont quelque rapport avec la chimie, tels que la teinture, l'essai et l'exploitation des mines, etc., enfin, que le suffrage de la plupart des savants de l'Europe assigne au citoyen Lavoisier un rang distingué parmi les hommes qui ont honoré la France ; considérant encore que le citoyen Lavoisier a partagé avec zèle et assiduité les travaux du bureau de consultation pour assurer aux artistes utiles les récompenses dues à leurs talents, a arrêté que ce témoignage de son estime sera consigné dans son procès-verbal et qu'il en sera adressé un extrait au citoyen Lavoisier... »

Lavoisier sollicitait aussi l'appui de Le Faucheux et Champy, agents nationaux des poudres et salpêtres, qui attestèrent qu'en qualité d'ancien régisseur des poudres, il était du nombre des citoyens désignés par un arrêté du Comité de Salut public, comme devant être mis en réquisition pour la reddition de leurs comptes.

Deux anciens collègues de l'Académie, Cadet et Beaumé, qui en 1774 avaient été chargés par le ministre d'une enquête sur la fabrication du tabac, lui remirent un certificat déclarant qu'il s'était toujours opposé au mouillage du tabac.

Enfin le grand chimiste rédigeait lui-même un exposé de sa carrière sous le titre de : « Notice de ce que Lavoisier, cy-devant commissaire de la Trésorerie nationale, de la cy-devant Académie des Sciences, membre du Bureau de consultation des Arts et Métiers, cultivateur dans le district de Blois, département du Loir et du Cher a fait pour la Révolution. »

« Lavoisier, membre de presque toutes les Académies d'Europe, a principalement consacré sa vie à des travaux relatifs à la physique et à la chimie.

« Pendant vingt-cinq ans qu'il a été membre de l'Académie des Sciences, il a fait imprimer dans son Recueil plus de quatre-vingt mémoires dont un grand nombre contiennent des découvertes importantes pour les arts, les sciences et l'humanité.

« Il a consacré à cet objet une partie de sa fortune.

« Il s'est occupé principalement d'expériences d'agriculture très dispendieuses qu'il a suivies pendant quinze années et auxquelles il a sacrifié plus de 120 000 livres ; il se propose de publier incessamment un ouvrage important sur cet objet.

« Il n'a point attendu l'époque de la Révolution pour manifester ses principes sur la liberté et l'égalité. »

L'illustre savant rappelait ensuite son rôle à l'assemblée de l'Orléanais, à l'Assemblée Constituante, à la Commune de 1789, à la Trésorerie nationale, au Bureau de consultation des Arts et Métiers, au Comité des assignats et monnaies, à la Commission des poids et mesures, au Comité de salubrité... et il terminait ainsi :

« Enfin dans toutes les occasions il a porté les armes pour la deffense de la liberté, nottamment le 10 août 1792 où il a été commandé pour la garde du magasin des poudres de l'Arsenal et le 31 may 1793, où il a été commandé avec le bataillon de la section des Piques pour occuper le poste de la place de la Révolution. »

XI

DEVANT LE TRIBUNAL RÉVOLUTIONNAIRE

Le 5 mai 1794 (16 floréal an II), Dupin présentait à la Convention un long réquisitoire qui reproduisait à peu près exactement les chefs d'accusation invoqués par les commissaires reviseurs : « Ventilation subreptice ; échange des trois dixièmes contre une association dans les bénéfices ; indemnité abusive ; gratification abusive et dépenses non motivées ; étrennes abusivement prises sur les bénéfices ; versement tardif au Trésor public des fonds provenant des perceptions mises en régie ; contravention à la loi du timbre ; exaction sur le tabac râpé. »

Il exposa successivement tous les points avec une savante perfidie, maniant les chiffres avec habileté, écartant tout détail qui aurait pu servir à prouver l'innocence de tel ou tel des accusés.

Ce réquisitoire présenté devant des juges déjà convaincus eut un certain succès.

Dupin donna alors lecture d'un décret conçu en ces termes :

« La Convention nationale renvoie les ci-devant fermiers généraux intéressés dans les baux de David,

Salzard et Mager au tribunal révolutionnaire pour être jugés conformément à la loi.

« La Convention nationale se réserve de statuer sur les restitutions, indemnités, demandes et confiscations dues à la Nation et à exercer contre les ci-devant fermiers généraux, croupiers, pensionnaires, héritiers, donataires ou ayants cause, pendant les baux David, Salzard et Mager. »

Ce décret mis aux voix fut voté sans observations. Ainsi Dupin ne reprochait aux fermiers généraux aucun acte d'incivisme et il les renvoyait devant une juridiction créée spécialement pour examiner les crimes de contre-révolution.

Il était un peu plus de quatre heures quand fut voté le décret. Une personne présente à la séance se rendit immédiatement à l'hôtel des Fermes ; le premier détenu qu'elle rencontra fut Lavoisier. C'est lui qui eut la pénible mission d'informer ses collègues. Ceux-ci, depuis quelques jours, avaient enfin entrevu la réalité, et ils ne se faisaient plus guère d'illusion sur leur sort ; aussi se hâtaient-ils de brûler leurs papiers intimes. Quelques-uns, comme Parseval de Frileuze, adressaient déjà quelques lignes aux êtres qui leur étaient chers.

Dupin donna l'ordre au concierge de l'hôtel des Fermes de ne plus laisser entrer aucune personne étrangère. Il ajouta cependant que le décret ne pouvait être exécuté avant trois ou quatre jours. Il se trompait. Un homme allait lui enlever sa proie... le plus puissant et le plus redoutable des magistrats : Fouquier-Tinville.

Celui-ci ne respectait même pas les délais légaux : le jour même où la Convention rendait son décret, il ordonnait le transfert des fermiers à la Conciergerie (1).

Dans la soirée, des membres de la Commune de Paris, ceints de l'écharpe tricolore, pénétraient dans l'hôtel des Fermes. Des gendarmes les escortaient. Peu après arrivaient plusieurs grands chariots couverts destinés au transfert des détenus. Le concierge prenait connaissance des ordres de la Convention et ensuite appelait lentement les prisonniers suivant l'ordre du registre d'écrou.

Trente-deux fermiers généraux comparurent tour à tour devant les officiers municipaux.

Les financiers calmes, dignes, sans un murmure, sans un mot de reproche, se laissaient saisir par les gendarmes qui les enfermaient quatre par quatre dans les voitures qui stationnaient. Pendant cette opération, les guichetiers pleuraient, tandis que les représentants de Paris buvaient et vociféraient. Il faisait nuit quand le convoi se mit en marche... Pour éclairer la route, d es hommes à pied, porteurs de flambeaux, le précédaient. Les financiers n'arrivaient à la Conciergerie

____

(1) Le décret concernant les fermiers généraux n'était enregistré que le 18 floréal et Fouquier-Tinville en avait déjà connaissance le 16. On peut presque dire que son réquisitoire était prêt avant que la Convention eût rendu son décret. Le 16 floréal à trois heures et demie, Dupin montait à la tribune de la Convention et à sept heures on procédait au transfert des prisonniers. Pouvait-on en si peu de temps rédiger un long acte d'accusation, transmettre les ordres de transfert et veiller à leur exécution ?

qu'à onze heures. Après la formalité d'écrou, on les incarcérait.

La Conciergerie... prison sinistre où dans des cachots infects étaient entassés pêle-mêle des nobles, des prêtres, des marchands, des banquiers, des hommes de lettres, des artisans, des cultivateurs, des sans-culottes n'ayant pour s'asseoir que des bancs ou le sol et qui attendaient que les premiers venus, en partant pour l'échafaud, leur fissent place dans des réduits aussi tristes, mais où on pouvait au moins placer un lit de camp. Port-Libre, le Luxembourg, les Carmes, les Bénédictins anglais, toutes ces maisons étaient des prisons « muscadines »; la Conciergerie, c'était l'antichambre de la mort. Certains y séjournaient des mois, d'autres une nuit.

Les fermiers généraux passèrent une nuit affreuse... Ils étaient tous transis de froid quand à sept heures du matin (17 floréal) on ouvrit les portes des cachots. Ils se réunirent alors dans la chambre occupée précédemment par Marie-Antoinette. On y dressa deux tables.

La journée sembla longue.

Puis ce fut une deuxième nuit... Mais cette fois grâce à la protection de Dobsen, juge au tribunal révolutionnaire et parent de Delahante, la femme du concierge de la prison offrit trois chambres pouvant contenir dix-sept prisonniers et pour chacun d'eux un matelas et une couverture. Ces trois pièces furent réservées aux fermiers les plus âgés.

Le 18 floréal à sept heures et demie du matin, les gendarmes vinrent chercher les prisonniers pour les amener dans une salle voisine du Tribunal révolutionnaire.

C'est là qu'ils subirent individuellement un court interrogatoire. Lavoisier comparut devant Dobsen, juge au tribunal, assisté du greffier Ménot et en présence de l'accusateur public. La relation de cet interrogatoire montre toute la hâte que l'on avait d'en finir :

« Est aussi comparu Antoine-Laurent Lavoisier, âgé de cinquante ans, né à Paris, cy-devant fermier général et membre de la cy-devant Académie des Sciences, demeurant à Paris, boulevard de la Madeleine, section des Piques.

« A lui demandé de quel département il était chargé?

« A répondu qu'il n'était chargé en chef que des départements de la Lorraine et des évêchés et du domaine de Flandre.

« S'il ne s'est point rendu coupable de dilapidations des finances du gouvernement, d'exactions, de concussions et de fraude envers le peuple? Répond que, quand il a connu quelques abus, il les a annoncés au ministre des Finances, notamment relativement au tabac, ce qu'il est en état de prouver par pièces authentiques.

« S'il a fait choix d'un défenseur?

« Répond qu'il n'en connaît pas, et nous lui avons nommé le citoyen Sézilles.

« Lecture faite, a signé avec nous et le greffier.

« DOBSEN, A. FOUQUIER, LAVOISIER, MÉNOT. »

Vers midi tous les interrogatoires (?) étaient terminés. Ramenés à la Conciergerie, les fermiers généraux, qu'on avait dépouillés de leurs assignats, n'avaient pas les moyens de payer leur dîner. Ils réclamèrent le pain des prisonniers, mais la femme du concierge avait reçu l'ordre de leur servir un bon repas qui fut accompagné de vins fins. Ils ne surent jamais à quel ami généreux ils étaient redevables de cet adoucissement.

C'est vraisemblablement après ce repas que les financiers adressèrent à leurs parents et à leurs amis l'adieu suprême.

On ne lira pas sans émotion la lettre que Lavoisier écrivait à son cousin Augez de Villers :

« J'ai obtenu, écrivait-il, une carrière passablement longue, surtout fort heureuse, et je crois que ma mémoire sera accompagnée de quelques regrets, peut-être de quelque gloire. Qu'aurais-je pu désirer de plus? Les événements dans lesquels je me trouve enveloppé vont probablement m'éviter les inconvénients de la vieillesse. Je mourrai tout entier, c'est encore un avantage que je dois compter au nombre de ceux dont j'ai joui. Si j'éprouve quelques sentimens pénibles, c'est de n'avoir pas fait plus pour ma famille ; c'est d'être dénué de tout et de ne pouvoir lui donner ni à elle ni à vous aucun gage de mon attachement et de ma reconnaissance.

« Il est donc vrai que l'exercice de toutes les vertus sociales, des services importans rendus à la patrie, une carrière utilement employée pour le progrès des arts et des connaissances humaines ne suffisent pas pour préserver d'une fin sinistre et pour éviter de périr en coupable !

« Je vous écris aujourd'hui, parce que demain il ne me serait peut-être plus permis de le faire, et que c'est une douce consolation pour moi de m'occuper de vous et des personnes qui me sont chères dans ces derniers momens.

« Ne m'oubliez pas auprès de ceux qui s'intéressent à moi, que cette lettre leur soit commune. C'est vraisemblablement la dernière que je vous écrirai.

« LAVOISIER. »

Une heure après que les détenus eurent été ramenés dans leurs « chambres » pour la nuit, un guichetier les appela individuellement et leur remit une copie de l'acte d'accusation, d'une écriture fine et peu lisible. Ils ne purent le déchiffrer, l'ordre ayant été donné d'éteindre les lumières.

Le lendemain, 19 floréal an II (8 mai 1794), à peine le jour était-il levé que tous les prisonniers étaient réunis au greffe. On les fouilla minutieusement et on les dépouilla de tout ce qu'on leur avait laissé la veille, montres et bijoux.

Déjà condamnés avant d'être jugés, ils étaient conduits au nombre de trente et un (1) dans une salle attenant au Tribunal. Les défenseurs furent introduits ; au bout d'un quart d'heure, ils recevaient l'ordre de se retirer : le tribunal venait d'entrer en séance. Il était dix heures quand les fermiers généraux furent conduits devant les juges.

(1) Verdun, protégé par Robespierre, était ramené à la Conciergerie. Fouquier-Tinville avait supprimé ce nom dans l'acte d'accusation. D'après la *Biographie des Contemporains* d'Arnaud, Billaud-Varennes avait épousé une fille naturelle de Verdun.

Le Tribunal révolutionnaire siégeait dans l'ancienne grand'Chambre du Palais de Justice qui avait reçu le nom de Salle de la Liberté. C'était une pièce très vaste, bien éclairée ; sur les murs, un papier moucheté, deux tableaux encadrés d'emblèmes au pochoir : sur l'un était imprimée la nouvelle Constitution, sur l'autre la Déclaration des Droits de l'homme. Des consoles de plâtre soutenaient trois bustes bien en vue : Marat, Lepelletier, Brutus.

Au-dessous du Brutus, devant une table, le président : Pierre-André Coffinhal.

« C'était un homme de trente et un ans, robuste et grand comme un Hercule, avec des yeux noirs, d'épais sourcils, un teint jaune et une voix retentissante... Il avait été médecin, avocat, saute-ruisseau, orateur de clubs, commissaire du district de Saint-Louis-en-Ile, puis commissaire national près le tribunal du deuxième arrondissement : c'est là que la Convention avait été le chercher... »

A la gauche du président, l'accusateur public, en la circonstance Lieudon, substitut de Fouquier-Tinville. A droite, les juges : Étienne Foucault et François-Joseph Denizot. Ces quatre personnages, habillés de noir, portaient en sautoir l'écharpe « aux couleurs de la nation » et avaient la tête couverte d'un chapeau à la Henri IV surmonté d'un panache noir. Au-dessous du président, le greffier : Anne Ducray. Du côté de l'accusateur public, deux grandes tables parallèles soutenues par des sphinx ailés ; à ces deux tables, les jurés : Leroy, autrefois marquis de Montflabert, maintenant affublé du nom de Dix-Août ; le coiffeur Pigeot, le luthier Renaudin, le joailliar Klispis, le vinaigrier Gravier, l'employé aux diligences Auvray, Desboisseaux, Thoumin, Garnier, Gemond, Devèze, Ganey.

En face des jurés une table où se tenaient les défenseurs : Chauveau-Lagarde, l'avocat de Charlotte Corday et de Marie-Antoinette, Guesde, La Fleutrie et Guyot. Sézilles, le défenseur de Lavoisier, n'était pas là. Derrière les défenseurs, des gradins à six échelons pour les accusés.

A l'ouverture de l'audience, Coffinhal procéda à l'interrogatoire qui dura une heure et demie. Puis la séance fut suspendue quelques instants... A la reprise, le greffier donna lecture de l'acte d'accusation qui n'apportait rien de nouveau.

Lieudon posa une question qui ne fut pas comprise des accusés. Puis le président interpella Sanlot, Delaage et Saint-Amand, et comme le malentendu persistait toujours, il interrompit violemment ce dernier et signifia aux accusés de répondre par oui et par non. Le tribunal, décidé à « juger » sans désemparer, ne permit pas à ceux-ci d'entrer dans des détails qui leur feraient gagner du temps. Toute défense personnelle ou collective étant interdite, les financiers comprenaient qu'aucun d'entre eux n'échapperait à la mort. Au moment où Coffinhal enlevait la parole à Saint-Amand, Lieudon donnait lecture du décret suivant rendu par la Convention le jour même :

« La Convention nationale... considérant que les adjoints des ci-devant fermiers généraux qui n'ont eu

aucune espèce d'intérêt dans les baux de David, Mager
et Salzard, ne doivent pas être soumis aux termes de
la loi du 16 floréal,

« Décrète que les citoyens Delahante, Bellefaye et
Sanlot, adjoints, seront mis à l'instant hors des débats
et réintégrés en la maison d'arrêt où ils étaient
détenus (1). »

Les trois adjoints furent alors emmenés pâles, défaits,
partagés entre la joie de vivre et la douleur de laisser
sur les bancs leurs amis, leurs parents. (Delahante y
comptait ses beaux-frères, les Parceval, et Delaage
de Bellefaye était séparé de son père qui, quelques
heures après, allait gravir le premier les marches de
l'échafaud.)

Lieudon prononça son réquisitoire. Utilisant la phra-
séologie pompeuse et vide de l'époque, il rappela et
« démontra » les différents genres d'exaction et de
concussion et conclut « que la mesure des crimes de ces
vampires était au comble, qu'ils réclamaient vengeance,
que l'immoralité de ces êtres était gravée dans l'opinion publique, et qu'ils étaient les auteurs de tous les
maux qui, pendant quelque temps, avaient affligé la
France. »

Pour mettre fin à cette parodie de justice, cette
comédie atroce, on appela les défenseurs... Leurs plai-
doiries pouvaient-elles modifier un jugement rendu
d'avance ?

______

(1) Dobsen, pour sauver Delahante, son parent, avait pu réussir
à faire voter ce décret.

Quand les avocats eurent terminé, le médecin Hallé, du Bureau de consultation des Arts et Métiers, fit passer sous les yeux du tribunal un rapport qu'il avait rédigé au nom du Bureau, et où il énumérait les services que Lavoisier avait rendus à la patrie et à la science. C'est à peine si on en prit connaissance, et c'est peut-être même à ce moment que Coffinhal prononçait ces paroles tristement célèbres : « La République n'a pas besoin de savants. Il faut que la justice suive son cours. »

La condamnation n'était pas douteuse. Le président, en résumant les débats, essaya de lui donner une apparence de légalité. Le Tribunal révolutionnaire ne pouvait pas condamner pour des crimes de concussions commis avant la Révolution. Il fallait trouver autre chose. Mais Coffinhal n'était pas embarrassé. L'ancien clerc d'un procureur au Châtelet donna aux questions posées au jury la forme suivante :

« A-t-il existé un complot contre le peuple français, tendant à favoriser par tous les moyens possibles les ennemis de la France, en exerçant toute espèce d'exactions et de concussions sur le peuple français, en mêlant au tabac de l'eau et des ingrédiens nuisibles à la santé des citoyens, en prenant 6 et 10 pour 100 tant pour l'intérêt des différents cautionnements que pour la mise des fonds nécessaires à l'exploitation de la Ferme générale, tandis que la loi n'en accorde que quatre, en retenant dans leurs mains des fonds qui devaient être versés au Trésor national, et en pillant et volant par tous les moyens possibles le peuple et le Trésor national, pour enlever à la nation des sommes immenses et nécessaires à la guerre contre les despotes soulevés contre la République et les fournir à ces derniers? »

Le jury, à l'unanimité, déclara (1) les accusés coupables...

Coffinhal prononçait alors le jugement :

« La déclaration du jury portant qu'il est constant qu'il a existé un complot contre le peuple français tendant à favoriser, de tous les moyens possibles, le succès des ennemis de la France...

« Que Clément Delaage, Danger-Bagneux, Paulze, Lavoisier (suivent les noms des autres fermiers généraux) sont tous convaincus d'être auteurs ou complices de ce complot.

« Le tribunal, après avoir entendu l'accusateur public sur l'application de la loi, condamne les susnommés à la peine de mort, conformément à l'article 4 de la première section du titre premier de la deuxième partie du Code pénal, dont il a été fait lecture, lequel est ainsi conçu « : Toute manœuvre, toute intelligence avec les
« ennemis de la France tendant soit à faciliter leur
« entrée dans les dépendances de l'empire français, soit
« à leur livrer des villes, forteresses, ports, vaisseaux,
« magasins ou arsenaux appartenant à la France,
« soit à leur fournir des secours en soldats, argent,
« vivres ou munitions, soit à favoriser d'une manière
« quelconque les progrès de leurs armes sur le terri-
« toire français ou contre les forces de terre ou de mer,
« soit à ébranler la fidélité des officiers, soldats ou des

(1) Nous disons « déclara »... du moins il faut le croire, car on a bien les questions signées de Coffinhal, mais on n'a pas la réponse. Pour la réponse, Coffinhal avait signé en blanc au bas de la pièce et le blanc n'a pas été rempli. « Légalement la réponse n'existe pas... (WALLON, *Histoire du Tribunal révolutionnaire*.) » Cet oubli montre la hâte des juges. L'heure pressait. Les charrettes attendaient les condamnés pour les conduire à la place de la Révolution...

« autres citoyens envers la nation française, seront
« punis de mort. »

« Déclare les biens des condamnés acquis à la République... Ordonne qu'à la diligence de l'accusateur
public, le présent jugement sera exécuté dans les vingt-
quatre heures sur la place de la Révolution de cette
ville, imprimé, affiché et publié dans toute l'étendue
de la République.

*
* *

Cette condamnation était prononcée vingt-quatre
heures après le rapport de Robespierre et le décret sur
l'Être suprême... « Le peuple français met au premier
rang de ses devoirs de faire aux autres tout le bien
que l'on peut et de n'être injuste envers personne. »

Le décret du 18 floréal instituait une fête « à la vieillesse. » Parmi les condamnés à mort, trois étaient âgés
de soixante-quatre ans : Saleur de Grizien, de Maubert-
Neuilly et Papillon d'Auteroche ; deux étaient âgés de
soixante-huit ans : Monteloux et Brac de la Perrière,
un de soixante-dix ans : Delaage, un de soixante et
onze ans : Paulze, un de soixante-quatorze ans : Saint-
Amand, un de soixante-quinze ans : Rougeot.

Le même décret instituait aussi des fêtes en l'honneur des « Bienfaiteurs de l'Humanité ».

Note. — Des élèves ou des confrères de Lavoisier étaient au
pouvoir, et pendant cinq mois, de frimaire à floréal, aucun
d'eux n'était intervenu en faveur du grand chimiste. Monge,
l'ami de Robespierre, Hassenfratz, un des membres les plus
actifs du club des Jacobins, Guyton de Merveau, Fourcroy
étaient restés silencieux...

XII

L'ÉCHAFAUD

L'arrêt prononcé, les condamnés furent ramenés à la Conciergerie. L'huissier Nappier signifia le jugement au concierge Richard et lui remit vingt-huit décharges individuelles. Il était quatre heures, et les charrettes de Sanson attendaient... Les fermiers furent entassés dans ces « bières des vivants », comme les avait appelées Barrère, et le convoi s'achemina vers la place de la Révolution (place de la Concorde). Les officiers municipaux, le sabre au poing, faisaient cabrer leurs chevaux et se frayaient un passage au milieu des flots pressés de la populace.

Les voitures suivaient la route accoutumée. Elles traversaient le pont au Change, longeaient le quai de la Mégisserie, s'engageaient dans la rue de la Monnaie, puis la rue du Roule et enfin la rue Honoré ; elles ralentissaient au coin de la rue Honoré et de la rue Florentin, pour laisser aux habitués des salons d'Héron le temps d'insulter les condamnés, puis arrivées à l'entrée du Faubourg, elles tournaient par la rue Nationale (la rue Royale) et s'arrêtaient au pied de l'échafaud.

Les fermiers généraux restaient silencieux. Seul

Papillon d'Auteroche, à la vue de la foule immense qui attendait sur la place de la Révolution, dit dédaigneusement en faisant allusion à la confiscation de ses biens : « Ce qui me chagrine, c'est d'avoir d'aussi déplaisants héritiers. »

Les charrettes se vidèrent. Les financiers échangèrent un dernier adieu et se livrèrent au bourreau, Henri Sanson.

Ils furent exécutés dans l'ordre de leur inscription sur l'acte d'accusation. Lavoisier était le quatrième... il vit tomber la tête de son beau-père.

L'huissier, impassible, rédigea son procès-verbal

« Je me suis transporté en la maison de justice dudit tribunal pour l'exécution du jugement rendu par le tribunal ce jourd'huy contre Lavoisier, qui le condamne à la peine de mort, et de suite je l'ai remis à l'exécuteur des jugemens criminels et à la gendarmerie qui l'ont conduit sur la place de la Révolution où, sur un échafaud dressé sur ladite place, ledit Lavoisier, en notre présence, a subi la peine de mort. »

Il était un peu plus de cinq heures.

*
* *

Les corps et les têtes furent entassés dans de grands paniers et ceux-ci placés sur des charrettes.

Le funèbre cortège, escorté par des cavaliers de la garde parisienne, prit les rues de la Madeleine, de l'Arcade et de la Pologne, coupa transversalement la rue Saint-Lazare, entra dans la rue des Rochers. De rares fenêtres légèrement entr'ouvertes laissaient apercevoir quelques spectateurs immobiles et muets. Le convoi suivit la rue des Rochers, puis s'engagea dans la rue des Errancis. Il arriva bientôt à la barrière des Mousseaux et il entra dans le cimetière. Une large fosse était creusée pour la fournée du jour et au bord de laquelle les charrettes s'arrêtèrent. Les cadavres furent dépouillés de leurs habits et jetés dans le trou béant...

Le lendemain, commentant l'exécution du grand chimiste, Lagrange disait à Delambre : « Il ne leur a fallu qu'un moment pour faire tomber cette tête et cent années peut-être ne suffiront pas pour en reproduire une semblable. »

FIN

TABLE DES MATIÈRES

PARIS

TYPOGRAPHIE PLON

8, rue Garancière

1925